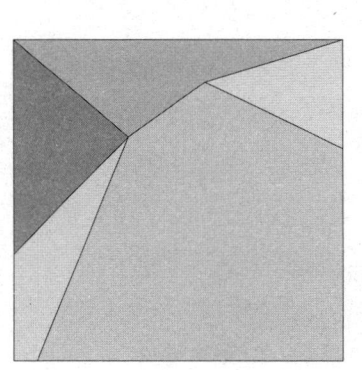

# 小学语文大单元教学八讲

大夏书系·语文之道

李竹平 / 著

华东师范大学出版社
·上海·

图书在版编目（CIP）数据

小学语文大单元教学八讲 / 李竹平著.
—上海：华东师范大学出版社，2023
ISBN 978-7-5760-3929-0

I.①小… II.①李… III.①小学语文课—教学研究 IV.① G623.202

中国国家版本馆 CIP 数据核字（2023）第 102801 号

---

大夏书系 | 语文之道

### 小学语文大单元教学八讲

| | |
|---|---|
| 著　　者 | 李竹平 |
| 策划编辑 | 卢风保 |
| 责任编辑 | 张思扬 |
| 责任校对 | 杨　坤 |
| 封面设计 | 奇文云海 · 设计顾问 |
| 出版发行 | 华东师范大学出版社 |
| 社　　址 | 上海市中山北路 3663 号　邮编 200062 |
| 网　　址 | www.ecnupress.com.cn |
| 电　　话 | 021-60821666　行政传真 021-62572105 |
| 客服电话 | 021-62865537 |
| 邮购电话 | 021-62869887 |
| 地　　址 | 上海市中山北路 3663 号华东师范大学校内先锋路口 |
| 网　　店 | http://hdsdcbs.tmall.com/ |
| 印 刷 者 | 三河市龙林印务有限公司 |
| 开　　本 | 700×1000　16 开 |
| 印　　张 | 13 |
| 字　　数 | 192 千字 |
| 版　　次 | 2023 年 10 月第一版 |
| 印　　次 | 2025 年 9 月第六次 |
| 印　　数 | 11 101 - 12 100 |
| 书　　号 | ISBN 978-7-5760-3929-0 |
| 定　　价 | 59.80 元 |

出 版 人　王　焰

（如发现本版图书有印订质量问题，请寄回本社市场部调换或电话 021-62865537 联系）

# 目录 Contents

序　我们为什么需要大单元教学 / 001

## 第一讲　新课标与大单元教学

### 第一节　什么是大单元教学 / 003

一、大单元教学溯源 / 003

二、大单元教学的当下理解 / 007

三、大单元教学的定义 / 010

### 第二节　新课标积极倡导大单元教学 / 014

一、新课标的变化和理解 / 014

二、新课标倡导大单元教学 / 018

### 第三节　学习任务群与大单元教学 / 022

一、六个学习任务群是怎么诞生的 / 022

二、六个学习任务群的联系和区别 / 025

三、避免学习任务群的误读 / 028

四、学习任务群与课程目标的关系 / 032

五、学习任务群与大单元教学 / 035

六、"做中学"是理解学习任务群的最佳路径 / 039

七、"学习任务群"中的"学习内容"和"教学提示" / 042

## 第二讲　大单元整体解读与学习任务群判断

### 第一节　大单元整体解读策略与目标 / 047

一、两个层次，看明白"有什么" / 047

二、四个步骤，理清楚"为什么" / 050

### 第二节　学习任务群归属判断的意义与实践 / 058

一、学习任务群归属判断的意义 / 058

二、如何判断单元的学习任务群归属 / 059

## 第三讲　KUD 目标梳理与大概念提炼

### 第一节　KUD 目标的梳理与表述 / 065

一、什么是 KUD 目标 / 065

二、如何梳理 KUD 目标 / 069

### 第二节　大概念的理解和提炼策略 / 071

一、什么是大概念 / 071

二、大概念的基本特征 / 075

三、如何提炼单元大概念 / 078

## 第四讲　核心学习任务的理解与设计

### 第一节　核心学习任务的理解 / 083

一、从新课标看学习任务设计的重要性 / 083

二、学习任务的本质特征 / 085

### 第二节　核心学习任务的设计 / 092

一、核心学习任务设计的基本追求 / 092

二、核心学习任务设计的一般思路 / 098

## 第五讲　子任务分解与语文实践活动安排

### 第一节　子任务分解的目的与思路 / 107

一、子任务分解的目的 / 107

二、子任务分解的一般思路 / 111

### 第二节　大单元教学中语文实践活动的安排 / 115

一、科学认识大单元教学的"语文实践活动" / 115

二、如何设计安排大单元学习任务下的语文实践活动 / 116

## 第六讲　单篇文本在大单元教学中的运用策略

### 第一节　单篇文本在大单元教学中的地位 / 125

一、大概念理解离不开单篇文本教学 / 125

二、常规学习目标的落实离不开单篇文本教学 / 127

### 第二节　单篇文本在大单元教学中的运用策略 / 128

一、并列式 / 129

二、递进式 / 131

三、辐射式 / 133

四、互促式 / 136

## 第七讲　大单元理念下的整本书阅读教学

### 第一节　"整本书阅读"学习任务群的理解 / 141

一、"整本书阅读"学习任务群解读 / 141

二、整本书阅读学习任务设计的一般理解 / 144

### 第二节　大单元理念下整本书阅读教学实施思路与示例 / 149

一、大单元理念下整本书阅读教学的实施思路 / 149

二、整本书阅读教学设计示例 / 156

# 第八讲　大单元教学与教学评一体化

## 第一节　大单元教学如何实现教学评一致 / 169

一、新课标强调"教学评一体化" / 169

二、大单元教学如何实践教学评一致 / 175

## 第二节　大单元教学作业设计与实践 / 187

一、大单元作业设计的基本原则 / 188

二、大单元作业设计的一般思路 / 190

# 后　记 / 195

# 序  我们为什么需要大单元教学

## 进一步，更进一步

写这本书，我是经过深思熟虑的。

并不仅仅是因为探索和实践语文大单元教学，是新课标时代每个语文老师都需要积极面对的专业课题，更因为带着团队老师们经历了三四年的探索和实践，切实感受到大单元教学实施的最大受益者是教室里的每一个学生。

知识是不能穷尽的，技能需要不断精进和创新，把学习的终极目标定位在知识和技能的学习上，学生就不会获得自主认识世界和探索创造的金钥匙。中国传统的学习文化里，一直强调"授人以鱼不如授人以渔"和"知其然更要知其所以然"，但我们的语文课堂，多年来还是在"授人以鱼"和"知其然"的低层次上耗心费力。这样的教学目标定位或课堂实际样态，与核心素养时代对人的发展的期待和要求，更是渐行渐远。

举个例子。教材很重视"复述"这项技能的训练，课程标准也明确指出"能复述叙事性作品的大意……"，所以我们就在相关单元的学习中，兢兢业业地教给学生复述的方法，让学生练习运用具体方法复述课文内容。但是，为什么复述能力是重要的，甚至是必要的？为什么复述需要掌握多种不同的方法策略？这些问题教师未曾思考过，学生更没有"弄个明白"的自觉意识，围绕"复述"展开的课堂上，"理解"也就未曾发生过，离开了课堂，"复述"也就"如轻烟，被微风吹散了，如薄雾，被初阳蒸融了"。"理解"没有真正发生，相关的知识和技能就不会被积极纳入到学生的认知结构中，就不会沉淀为学生的素养。

大单元教学，追求的就是深度理解，是对知识和技能的价值寻觅和原点认知。当学生在学习活动中，充分体验和认识到"复述可以促进对文本的理解和信息的运用"，他们就拥有了掌握复述技能的"理由"和动力，有效的主动学习就成为现实。

追求深度理解，提醒我们在学习目标定位上，要进一步，更进一步，让学习呈现出本质意义和本真价值。

## 那么远，又那么近

正式颁布的《义务教育语文课程标准（2022年版）》中，并没有明确提出要开展大单元教学。新课标的修订，经历了一个比较漫长的过程，在这个过程中，很多内容的表述都几易其稿，最终以正式颁布的版本呈现在我们一线教师面前。比较新课标修订的几个过程性版本，就会发现，关于是否明确倡导探索和实践大单元教学，有一个有意思的"变化"过程。

2020年的"过程稿"中，"教学建议"部分有这样的表述："围绕7个（注：一开始设置的学习任务群是7个）学习任务群积极探索语文学习方式的变革路径，倡导基于大单元、大任务的整合性学习。"2021年6月的"征求意见稿"中，同样是"教学建议"部分写道："教师要明确学习任务群的定位和功能，准确理解每个学习任务群的学习内容和教学提示，围绕学习主题，以学习任务为导向，整合学习情境、学习内容、学习方法、学习资源，设计基于大任务、大单元、真实情境的语文实践活动，引导学生在运用语言文字的过程中学习语文，学会学习。注重语文与生活的结合，注重听说读写之间的有机联系，加强内容学习和思维发展的整合，引导学生在解决问题的过程中积累语文学习经验，统筹安排教学活动；注重义务教育语文课程的基础性，培养学生未来学习、生活和发展所需的基本素养。"

2022年4月正式颁布的版本中，没有了"大任务、大单元"的提法。显然，这种调整是谨慎而负责任的。毕竟，对于大多数一线教师来说，"大任务、大单元"都是"新"概念、"新"事物，而教育教学关乎的是学生的学习成长，与其让老师们在对概念一知半解的情况下手忙脚乱地"探索和实践"，不如先排除新概念的认知干扰，"以退为进"，让"变革路径"从更容易落地的那一步开始展开蓝图。

这"更容易落地"的那一步，就是"设计不同类型的学习任务"，用具有整合力的学习任务来驱动学习，来促进学生"在完成任务、解决问题的过程中积累语文学习经验，发展未来学习和生活所需的基本素养"。任务驱动的语文学习，追求的必然是"素养立意"的深度理解。

实际上，以任务为驱动，追求深度理解，都是大单元教学的本质特征。

理所当然，《义务教育课程方案（2022年版）》中就明确提出"探索和实施大单元教学"。

是的，当我们在教学实践中努力贯彻新课标的"教学建议"时，我们就已经在慢慢揭开大单元教学理念和行动的"面纱"了。

大单元教学，那么远，又那么近。

## 想明白，才能做明白

三年级组邀请我去作听课指导，授课老师展示的是大单元设计框架下《燕子》一课的课堂教学。

听完课后，我请老师们先思考一个问题：学生为什么要学习《燕子》这篇课文？

学习《燕子》，不是为了了解课文写了什么内容，不是为了背诵指定段落，也不是为了弄清楚作者是怎样描写燕子的外形、飞行和休息姿态的，而是为了帮助学生"理解"——富有画面感的、生动形象的描绘才能将"生灵的可爱"展现在读者面前。

接着需要思考的是，什么样的学习证据能够证明学生抵达了课程所追求的"理解"？

那就是能够写出一篇以自己喜欢的动植物为描写对象的文章，通过富有画面感的、生动形象的描绘，将其"可爱"形象充分地表现出来，引起读者的共鸣。

这样，《燕子》的学习价值就清楚了，是为了让学生学习具体的有目的的表达（生动形象地描绘出生灵的可爱之处），给学生以知识和技能上的启发，并促成对相关知识和技能的理解，而不是学习文本内容本身。背诵积累的目的，是丰富表达任务需要的相关语言经验；想象燕子的外形、飞行姿态和休息画面，是为了习得读写中常用的图像化策略……学习价值清楚了，学什么和怎么学就能更加科学精准地选择和定位了。同时，《燕子》一文在整个单元中的学习地位也从学生学的目标上得到澄清，它是与单元其他文本一起，共同为学生的"理解"服务的。

进而，教师就可以思考，创设什么样的学习情境，设计怎样的学习任务，才能既有逻辑地整合单元学习内容、方法、资源等，又激发学生的学习动力，让学生为了达成预期学习成果而有目标地、积极主动地投入到学习活动中。

这样看来，"大单元教学"之"大"，与单元容量大小无关，与学习任务的体量大小也没有关系，它强调的是"站得高，看得明"，是学得通透明白，是真正促进学生获得举一反三的"金钥匙"。

当然，要真正掌握大单元教学的要领，理论与实践相结合，永远是我们要遵循的"真理性"路径。所以，我希望用这样一本基于实践的思考和提炼之作，与更多的一线教师一起探索小学语文大单元教学的真谛，发挥小学语文大单元教学应有的价值。

# 第一讲

# 新课标与大单元教学

## 第一节 什么是大单元教学

### 一、大单元教学溯源

"大单元教学"这一概念或提法，在我们的教学探索和实践中，似乎是近几年才兴起的，实际上，"大单元教学"并非近几年才出现的新概念、新理念、新事物。

商务印书馆1926年出版的赵宗预主编的《设计式的各科教学法》中就专门讨论了"大单元"。陈鹤琴先生在1928年的《一个理想的小学校》一文中也提到"要用整个的大单元的教学"："现在的小学往往把儿童学习的功课分得很细，什么音乐、写字、工艺、形艺、读法、作文、史地、自然、算术、体育等等。而各科间又不谋联络。请问儿童的生活里，他分什么社会、自然、音乐、工艺呢？他不是一个整个的生活，能求解决整个生活里的问题么？所以我们应当用整个的教学法去进行教学，力谋各科间的联络，举行大单元的中心设计。比如用俄国的《拔萝卜》故事做教材（故事从略）。1. 可以发给儿童做读法用；2. 可以让儿童练习讲故事；3. 可以研究白萝卜、小老鼠、小花猫，作为自然教材；4. 可以画故事里的内容，作为形艺；5. 可以剪贴做工艺；6. 可以编小老太婆、小姑娘、小花猫拔萝卜唱的歌给儿童唱。如此不比现在四分五裂的大学式的教学法要好得多吗？我们不要用大学式的教法去教儿童才好。"陈鹤琴先生的这段话，很容易让人联想到叶圣陶先生1922年1月20日发表的《小学国文教授的诸问题》一文中所言："我常有一种空想，以为学科的分开独立，不适宜于小学教育。因为分开独立，易于忘却何所需此科；全部所习，复难得有统贯的精神；徒使学童入于偏而不全、碎屑而遗大体之途。理想的办法，最好不分学科，无所谓授课与下课的时间，唯令学童的全生活浸润在发生需求、努力学习的境遇里。这个境遇，范围自然很广，不仅为欲达某一学科的目的而设。可以分析地考查它的结果，则各科的目的无不达到。"叶圣陶先生的讨论里虽然没有出现"大单元"一词，但显然他对小学"全生活"课程的设想，与陈鹤琴先生所提到的"大单元的教学"是一致的。1935年6月，福建省全面实施义务教育，同年制订公布的《福建省义务教育分年实施计划》中初等教育整治部分也明确提出："在一年制短期小学采用全日间时二部制，教学方法采用自学辅导法；低年级施行大单元设计教学，并训练辅导生分任辅导。"

《现代特殊教育》1994年第1期发表了一篇题为《"大单元教学"初步尝试》（作者黎文华）的文章，这篇文章这样来定义大单元教学："所谓'大单元教学'，具体地说，就是以某种活动为中心，根据儿童的需要、兴趣，将学习内容组织成为有系统的相互联系的若干单元，教给学生生活的基本知识（包括学科知识）。"文章以"五星红旗"大单元为例，指出这个大单元包含四个小单元，即主题下的生活单元、作业单元、学科知识单元和日常生活指导单元，学习任务包括认识五星红旗、学习"五星红旗"等字、学习数字"5"和相关加减法、学习升旗礼仪和歌曲《国旗，我爱您》等。

对比会发现，上世纪二三十年代的"大单元教学"，与90年代的"大单元教学"，与现在老师们熟悉的跨学科主题学习竟然是惊人的相似，可以说基本是一回事。

《课程·教材·教法》1995年第12期刊有李吉林老师的文章《优化教材结构，进行"四结合"大单元教学》，讨论了小学语文教学中，如何运用系统论的"整体原理"来重组教材，进行"大单元"教学，沟通篇与篇之间的联系。其主要做法是将题材（相当于主题）相似的课文进行重新归类，组成新的单元，努力将"读与写""文与道""课内与课外""语言训练与思维发展"等构成一个相互联系、紧密结合的整体，称其为"四结合"的大单元教学。

李吉林老师所实践的"大单元",相当于后来的"群文教学""主题教学"或"单元重组教学",而实践案例又突破了语文学科本身,与"班队"活动相结合,用这种方式实现"文与道"的结合。

下面的表格很直观地展现了李吉林老师实践的大单元教学样貌——

| 单元 | 课文 | 活动 | 习作 |
|---|---|---|---|
| 写人单元:<br>中国人的骄傲 | 《八角楼上》<br>《周总理的睡衣》<br>《罗盛教》<br>《你们想错了》 | 班队活动:<br>介绍抗日战争、解放战争、抗美援朝中的故事 | 看图说话:<br>《伟大的××》 |
| 写人单元:<br>天才出自勤奋 | 《做风车的故事》<br>《聪明的小高斯》<br>《爱迪生》<br>《弹琴的姑娘》 | 班队活动:<br>举行"科学家小时候"故事会 | 《一个敬爱的科学家的故事》 |
| 写人习作单元:<br>身边的榜样 | 《亮亮》<br>《造桥的小孩》<br>《父亲小时候的故事》<br>《桃树爷爷》 | 课外:<br>观察自己熟悉而喜爱的一个小朋友 | 《可爱的小朋友》 |
| 写事单元:<br>用鲜血和生命写下的故事 | 《大雪山》<br>《游击队之歌》<br>《雨花石》<br>《一个粗瓷大碗》 | 班队活动:<br>讲长征故事,重温入队誓词 | 《我在队旗下宣誓》 |

李吉林老师的大单元教学,从系统性和整合性角度来说,已经有了当下语境下大单元教学的一些基本要素。

1999年第16期《南京师范大学文学院学报》发表了郑桂珍的《更新教学模式,实现素质教育——语文大单元教学浅谈》。这篇文章也运用了"大单元教学"的概念,讨论的着力点是如何用好教材单元文本,让学生既能学到知识,又能习得方法。正如文章第二段所述:"它能使学生得到自学的钥匙,最终能独立思考、研究,能在脱离教者的情况下,去求得知识。"文章主要强调方法的学习和迁移运用,将一个单元的系列课,分为授法课(授之以法)、习法课(现学现用)、用法课一(温故知新)、用法课二(重在积累)、反馈课(也叫验法课,总结改进)和用法课三(以读促写)。这样的设计,更像是贯彻"直接教学法"的以读促写课,与我们现在所理解和尝试的大单元教学区别非常明显,概括为以方法学习和运用为主要目标的单元整体教学可能更合适。2000年第2期《江苏教育学院学报》发表的《"导学式"语文大单元教学模式的构想》(作者姜鸿翔)一文,提出"四步骤八课型大单元教学模式",基本上与《更新教学模式,实现素质教育——语文大单元教学浅谈》一文的观点和做法一致。

在知网上以"大单元"为关键词进行搜索,2000年到2019年的20年间,有关大单元教学的文章不及近三年之多。近三年知网上能搜索的大单元教学文章有近2000篇,用"井喷"一词来形容亦不为过。

那么,如今人们所谈的大单元教学,与上世纪90年代的大单元教学,在理念追求、概念认知和实践模式上有什么样的异同呢?

上世纪90年代到2019年这近30年间,大单元教学探索涉及的学科已经较广,但对"大单元"这一概念还没有趋于一致的解释,或者说,还没有研究者和实践者尝试给"大单元教学"下一个定义。也可以断定,这段时期,大单元教学探索一直是少数人在做,还没有被更多的人所熟悉,更谈不上认同。这与当下的大单元教学热是不可同日而语的。

以往的探索一直处于零星状态,而现在大家的研究和实践如火如荼,为什么呢?一般的判断是,一件新事物从诞生到燎原之势,往往都是先慢后快的。比如,古诗中近体诗(格律诗)的形成和发展就是一个比较漫长的过程,其中五律从缘起之萧纲到完备之杜甫、王维,经历近200年。当然,大单元教学在当下的"蓬勃发展",既与如今传播媒介多元而丰富有密切关系,也与教育理念的更新紧密相关——教育研究者和实践者对学习方式、学习目标的定位发生了极大的变化。尤其是,核心素养概念的提出和广泛认同,让大家对"什么样的课程和学习"才是指向素养发展的,有了更深入的探索和更高远的方向。

通过上面的案例,我们可以看出,最早的大单元教学实践者,对"大单元"的理解和定位处在模糊状态，甚至从课程内容的选择和组织来看，各自存在着明显的不同，但其实践背后的基本理念是一致的，也就是围绕一个核心学习目标，对学习内容、学习任务（活动）、学习过程进行系统性、整体性的规划设计，以期让学生获得丰富的学习体验，在联系和积极运用中习得可迁移的知识、能力和方法等。这种系统性、整体性的追求，当下的大单元教学是与其一脉相承的。

## 二、大单元教学的当下理解

随着项目式学习、融合性课程的探索和实践得到更多来自一线的呼应，新时期的学科大单元教学探索和实践也很快就成为热点。我们会发现一个有意思的情况，当下对大单元教学的言说，几乎没有任何一篇文章提及上世纪的大单元教学探索和实践，仿佛它就是近几年才诞生的概念。究其原因，可能是现在讨论大单元教学的一套话语体系相对于以往是完全新颖的吧。

那么，当下是在什么样的语境下讨论和探索大单元教学的呢？也就是说，当下我们是如何定义大单元教学的呢？

随着时代的发展，社会需求不断重新定义人的发展，进而对教育要培养什么样的人，进行了新的定位，提出了新的要求。视野开阔，思维活跃，情感丰富，善于创新等，成为了共识性的育人目标。核心素养目标的提出，就是要回答 21 世纪培养的学生应该具备哪些最核心的知识、能力与情感态度，才能成功地融入未来社会，才能在满足个人自我实现需要的同时推动社会的发展。正是在这样的时代背景和教育愿景下，大单元教学走进了更多教育研究者和一线教师的视野。如此看来，首先可以肯定的是，大单元教学一定是以素养为本的教学。

从单篇教学的碎片化，到单元整体教学的整体性和系统性，是先进学习理论得到实践呼应的体现；从单元整体教学再到大单元教学，则进一步体现了这种呼应的强化和提升。

多年来，在教育语境中一直流传着这样一句话："把学校所学的都忘了，剩下的才是教育。"不管这句话出自哪里，值得玩味的是，"把学校所学的都忘了"，这里的"所学"到底指什么呢？能够直接学习的，往往是具体的学科知识和技能；不能直接学习的，是对知识和技能背后原理、价值的理解和领悟，因为这需要我们的教育教学能够有效地促进学习者做到融会贯通、举一反三。如果学校里的学科教育将知识和技能目标作为教学的终点，那就很难帮助学生形成指导自己如何有效行动的观念性认知，无法真正沉淀为促进独立思考和行动的综合素养。这样的课堂，不仅没有让学生越来越有智慧，反而有可能把学生教得越来越笨。杰罗姆·布鲁纳在《教育过程》一书中就指出："第一，这样的教学使学生很难对当前所学的知识和日后所学的知识进行归纳。第二，这种学习毫无智力成就的快感。第三，在没有相互关联的结构基础上所获得的知识非常容易被遗忘。没有相互关联的知识在记忆中的半衰期是非常短的。"大单元教学以素养为本的追求，突破了以知识和技能学习为终点的目标定位，聚焦学生核心素养的发展，为学生拥有 21 世纪生存和发展需要的基本能力、必备品格打下坚实基础。

聚焦核心素养发展是大单元教学的第一个重要追求和特征。除此之外，大单元教学还有哪些基本特征呢？从字面上来看，"大单元教学"与大家熟悉的"单元教学"或"单元整体教学"最明显的区别在于一个"大"字。如何理解这个"大"？《北京教育（普教版）》2019 年第 2 期发表了崔允漷教授的《如何开展指向学科核心素养的大单元设计》一文。文章指出："'大'的用意有三：一是指向学科核心素养的教学倡导大观念、大项目、大任务与大问题的设计，其出发点不是一个知识点、技能点或一篇课文，而是起统率作用的'大'的观念、项目、任务、问题，以此来提升教师的站位，改变教师的格局。只有进行大单元设计，让教师像学科专家那样思考，才有利于教师理解学科育人的本质。二是针对现实中有许多教师只关注知识、技能、习题、分数等，而忽视学生能力、品格与观念的培养，导致'高分低能、有分无德、唯分是图'的问题，大单元设计有利于教师改变着眼点过小过细以致'见书不见人'的习惯做法，明白'大处着眼易见人'的道理。三是从时间维度来看，大单元设计与实施有利于教师正确理解时间与学习的关系，确立'以学习者为中心'的观念。当前教学设计通常是以'课时'为单位，导致'时间决定学习'，而不是'学习决定时间'。诚然，没有时间就没有课程，但课程不是以'下课'为结束标志的，而是以学生学会即目标达成为结束标志的。就班级教学而言，至少三分之二的学生达成目标，课程才可以转换到新的内容。"这段话实际上从两个角度揭示了大单元"大"的意涵：一是为了落实素养为本的追求，大单元教学的设计的目标追求突破了知识和技能目标，在落实知识和技能目标的基础上，还要追求对相关知识和技能背后观念的深度理解，这样的目标追求又离不开具有整合性学习任务的设计，离不开真实问题的探究和解决；二是大单元教学要求教师真正做到"学为中心"，聚焦"学的逻辑"，着眼于学科核心内容和核心观念及其与学生核心素养发展的关系，用大视角来系统处理和设计学习活动与体验。

　　从价值追求上来说，大单元教学在目标定位上，要抵达的是深度理解——具有强大迁移力的概念性理解，进而为学生学科核心素养发展助力。从实践操作上来看，大单元教学要求教师运用系统设计原则，以深度目标落实为引领，以具有整合性的学习任务为载体，以真实的学习情境为驱动，组织学习内容，运用学习资源，渗透学习方法，安排学习活动，落实学习评价，促进学生核心素养发展。大单元教学的第二个重要特征，就是基于真实学习情境的学习任务的设计和实施，帮助学生自主建构积极的学习体验，抵达学习目标的深度理解。第三个重要特征是与前两个特征密切关联的，那就是大单元教学能够帮助学生实现"高通路迁移"，即学生在大单元学习中习得的概念性理解可以在不同情境、不同任务中进行迁移运用，以解决新的问题。下面的图示可以帮助我们更清晰地把握大单元教学的基本追求和特征——

**发展概念性理解**
通过知识的结构化和技能的迁移，帮助学生发现和理解单元知识、技能的价值或本质，即大概念

**大单元教学的本质特征**

**实现高通路迁移**
习得的概念性理解能够在不同情境、不同任务中实现迁移（不是为了会考试，而是为了能解决现实问题）

**依托任务驱动**
以能够整合学习情境、内容、方法、资源的学习任务驱动学生自主学习，在真实任务完成的过程中发现和理解大概念

## 三、大单元教学的定义

无论哪个学科的大单元教学，都是让学科核心素养从课标到课堂再到学生成长和发展的科学选择，小学语文大单元教学也不例外。

常识告诉我们，给一个事物下定义，可以帮助人们更清晰地了解事物的本质属性和基本特征。目前，诸多讨论大单元教学的文章，都没有明确地给大单元教学下定义。既然我们前面已经对大单元教学具有哪些基本特征作了比较深入和细致的探讨，接下来不妨尝试着给小学语文大单元教学下一个基本的定义。

要定义小学语文大单元教学，可以先厘清大单元教学"不是什么"。

其一，大单元教学不是相对于教材单元而言容量更大一些的单元教学。仅仅是容量大了，不过是相关的学习内容增加了，可能会多积累一些相似的经验，技能操练的频次增加了，练习的熟练度提高了，但不一定能够帮助学生更好地掌握程序性知识，更不能促进学生对学习内容的深度理解——概念性理解，不能促使学生灵活地运用对事物或主题的规律性认知来解决相关的复杂问题。比如，在语文教材单元教学中，根据课文的特点拓展相关主题的文本或文章作者其他作品的阅读，甚至拓展整本书阅读，并非大单元教学的

必然选择。

大单元教学首先是一种教学理念，这种教学理念追求深度理解，讲求系统设计，贯彻学为中心，实现核心素养发展。然后才是这一理念指引下的教学设计和实施方式。作为一种具体的教学设计和实施方式，大单元教学可以是基于教材单元的，也可以是教师围绕学习主题或具体的概念性理解目标自主开发的教学单元，容量的大小，根据大单元学习目标的落实需要而定。

其二，大单元教学不是以知识和技能学习为终点的单元教学。大单元教学肯定会同样重视知识和技能的学习，因为知识和技能是概念性理解的基础，是形成可迁移性认知的保障。但是，大单元教学的目标定位是超越知识和技能的。"迁移"这一概念在大单元教学中居于很重要的地位，但不是聚焦于传统教学中知识和技能的迁移，而是聚焦于概念性理解和运用。

韦伯在 2005 年开发了一个关于认知层次水平评估的工具，以帮助老师理解、区分日益增长的知识深度和设计相关的学习活动，这个工具认知水平分为四个不同层次（回忆、技能/概念、策略性思考、扩展性思考），并用代表不同层次的动词引导学习活动。但是，这个工具还是以知识和技能为目标终点的。而大单元教学希望能以概念性理解为目标追求，帮助学生做到：通过可迁移的概念和概念性理解发现新旧知识之间的模式和联系；能将知识分类储存到头脑的概念性图式中，以便更为有效地处理信息；能跨文化、跨时间、跨情境迁移概念和概念性理解，以解决现实问题。

大单元教学不是以知识和技能学习为终点的单元教学，也就是说大单元教学不是大家熟悉的单元整体教学。以往的单元整体教学，与大单元教学在多个方面具有共同点，比如系统设计、整体规划、注重学习体验设计和教学评一体化。它们之间的不同点，更值得关注。一是学习目标定位深度不同——单元整体教学依然以知识和技能目标为终点，大单元教学以发现和理解大概念为终点（关于"大概念"，后面会专门进行讨论）。以统编版小学语文五年级上册第三单元为例，单元整体教学以单元语文要素指向的读写目标的落实为学习追求，即"在了解课文内容的基础上，能够进行创造性复述""通过提取主要信息,详略得当地缩写故事",而大单元教学的目标定位,是在上述读写目标落实的基础上,通过学习任务的完成,促成学生实现这样的理解:复述可以促进记忆和理解,运用合适支架(梳理情节信息+想象创造)有助于把握故事内容,为复述提供积极支撑;抓住主要信息有助于把握故事主要内容。同时,针对这个单元的文体特殊性——民间故事,还需要促进学生对民间故事达成这样的理解:民间故事表达了老百姓对美好生活的愿望,具有强大的生命力。二是价值追求不同。单元整体教学中,学生习得的知识和技能,主要是为"纸上"学业服务的;大单元教学中,学生需要在习得知识和技能的基础上,形成相关的价值判断和认知观念,最终指向现实问题的解决,指向核心素养的发展。三是抵达目标的路径不同。单元整体教学一般借助有层次的板书式学习活动落实学习目标;大单元教学依托基于问题解决的学习任务帮助学生有层次地建构学习体验,实现深度目标的理解(大概念的发现和理解)。

其三,大单元教学不是一定要突破学科范畴的融合性课程教学。项目化学习、跨学科学习、融合性课程等,都是大单元教学可借鉴的课程理念和设计思路,但它们不是一回事。每个学科都有属于学科自身内部的大单元教学,聚焦的是本学科最核心的内容和目标。当然,也有跨学科的主题大单元教学。无论是学科大单元教学,还是跨学科主题大单元教学,理念是一致的,设计和实施的基本思路也是一致的。不同的是,学科大单元教学,除了其中的跨学科学习,要综合运用多学科知识、技能和思想外,主要还是属于学科本身的,要落实的学习目标聚焦学科知识、技能的习得和运用,聚焦学科大概念的发现和理解。

根据上面的分析,现在我们来尝试为大单元教学下一个定义。一个完整的定义里往往包含着几个关键的概念词,大单元教学定义大致包括的关键概念词有:概念性理解与迁移、系统、逻辑、整体、情境、任务等。

(学科)大单元教学指的是以发展学生学科核心素养为追求,运用整体性和系统性思维对单元学习内容进行有逻辑联系的整合和组织,设计相应的情境任务,整合相关的学习资源,让学生在经历和完成学习任务的过程中习得知识和技能，并基于知识和技能的运用发展概念性理解，借助大概念的迁移和协同思考发展解决现实问题能力的一种课程组织形式和实施方式。

对比教材单元，可以从两个角度来理解语文大单元教学。

首先，大单元体现的是一种教学思想或理念。大单元之大，不是"量"的意义上的大，而是一种整体性、系统性、生长性课程思维的形象化表现。大单元体现的是这样一种教学思想：零碎的知识只有经过结构化组织，才能转化为系统性的认知结构并形成整体性的认知能力；可迁移的知识结构和能力只有在真实的体验性任务中才能形成；学习意义必须在元认知的参与下才能实现主体性建构；核心素养的形成需要经历一个由浅入深、循序渐进的相对完整的学习探索和体验的历程。如果表达得诗意一点，语文大单元教学希望达到这样的境界：大道至简，回归学习意义的本源；大音希声，回归真实经验的创造；大处着眼，回归世界运转的真谛。

其次，大单元体现的是一种教学实施模式和课程实践方式。这种课程实践是基于深度理解的逻辑进行资源开发和整合、过程组织和设计的，其学科任务中隐含着学科最核心的"思想和观念"，学生经历的是真实的探究或体验任务。以三年级上册第五单元为例，学生要逐步发现和理解：（1）留心观察是发现周围事物之美的基础。（2）留心观察可以帮助我们积累关于周围事物的丰富素材，助力我们写好自己眼中的缤纷世界。前者是跨学科的宏观大概念，后者是语文学科大概念。要帮助学生发现和理解这两个层次的大概念，下面相互关联的系列学习任务必不可少：

（1）阅读文本：从文本中积累至少30个词语，制作词语积累卡。

（2）比较文本：给几篇文章所写的事物进行分类，说明为什么这样分；同时列举自己也相应观察过的事物或场景。

（3）细读文本：从每类文本中选择一篇文章，研究作者分别观察了什么，是用什么感官观察的，列表呈现出来。

（4）选择观察对象：从自己观察的事物中选择一种，用表格呈现不同角度的观察所得。

（5）撰写与投稿：根据表格内容，有顺序地写下观察所得。向同学展示自己的观察所得，根据组员建议修改后给专刊投稿。

（6）编辑作文专刊：给每篇文章所写事物分类，分栏目或版块编辑专刊。（如果是展板展示，就根据分类给展板划分版块；如果是出一本书，就按分类设置版块。每个小组负责一个版块内容的审阅和排版。）

显然，统编版教材单元的人文主题和语文要素并不等于大单元教学所追求的学习价值和基本。教材单元的人文主题和语文要素可以帮助教师确定深度理解的学习目标，即提炼合适的大概念，大单元教学在学习目标上，真正体现了素养为本，赋予了学科知识和技能以生动的、具有迁移力和发展力的价值意义。

## 第二节
## 新课标积极倡导大单元教学

### 一、新课标的变化和理解

2022年4月21日，《义务教育语文课程标准（2022年版）》（以下简称"新课标"）颁布。与2011年版的课程标准比较，变化是"巨大"的。正如"前言"部分指出的，与其他学科2022年版课程标准一样，变化体现在五个方面。一是强化了课程育人导向，强调核心素养的培养；二是优化了课程结构——语文课程标准增加了"课程内容"版块，以"学习任务群"的方式来组织和呈现科学内容；三是研制了学业质量标准；四是增强了指导性；五是加强了学段衔接。下面我们梳理一下新课标的变化情况。

课程目标上，语文学科的义务教育阶段"核心素养"时代实实在在地到来了，核心素养的四个方面，分别是文化自信、语言运用、思维能力和审美创造，不再提"三维目标"了。

课程目标的学段要求，也不再是以往的五个版块（"识字与写字""阅读""写话/习作/写作""口语交际""综合性学习"），而是分成了四个语文实践领域，即"识字与写字""阅读与鉴赏""交流与表达""梳理与探究"。

如果说课程目标上的变化是期待和预料之中的，那么，新增的两个内容，就是具有开创性了。

新增内容之一，是终于有了名副其实的"课程内容"。新课标从"主题与载体形式""内容组织与呈现方式"两个方面，对义务教育阶段语文课程内容作出了规定，首次以具体内容描述的形式明确了"教什么"和"学什么"。为了找到一种比较清晰的框架线索来对课程内容进行总体性梳理和说明，新课标沿用了高中语文课程标准的策略和思路，以六个不同的"学习任务群"来厘清课程内容。这六个学习任务群划分为三个在内容整合程度上处于不同功能层次的类型，分别是基础型学习任务群（语言文字积累与梳理）、发展型学习任务群（实用性阅读与交流、文学阅读与创意表达、思辨性阅读与表达）和拓展型学习任务群（整本书阅读、跨学科学习）。学习任务群的划分，首先是为了有逻辑有层次地构建义务教育语文课程的内容体系，探索课程内容的结构化路径，为教和学在内容角度明确方向，改变以往在内容组织、呈现和选择上逻辑不明、思路不清的状况，为学生建构清晰有序的学习体验提供内容保障。其次是为了以课程内容的组织和呈现方式来促进教与学方式的变革——以学习任务为载体，让学生在真实的学习情境中，综合运用知识、技能和理解来解决现实问题，自主建构语文学习和运用的真实体验，发展学科核心素养。

新增内容之二，是增加了"学业质量"部分，从"学业质量内涵"和"学业质量描述"两个方面，具体阐述了学生在完成课程阶段性学习后应该达到的学业成就，分四个学段用了近5000字的篇幅，进行了细致定位。

那么，基于发展核心素养的课程目标和课程内容的定位，以及学业质量的追求，对课程实施，尤其是以统编版语文教材为主要载体和媒介的课堂教学实践，会有什么样新的理念指引和实践要求呢？

### 1. 明确了素养为本的目标定位和追求

素养为本，当然要求语文教育教学要以发展学生的语文学科核心素养为目标。课程标准将核心素养分为四个方面，分别是文化自信、语言运用、思维能力和审美创造。关于四个方面的关系，课程标准明确指出："核心素养的四个方面是一个整体。语言是重要的交际工具和思维工具，语言发展的过程也是思维发展的过程，二者相互促进。语言文字及作品是重要的审美对象，语言学习与运用也是培养审美能力和提升审美品位的重要途径，语言文字既是文化的载体，又是文化的重要组成部分，学习语言文字的过程也是学生文化积淀与发展的过程，在语文课程中，学生的思维能力、审美创造、文化自信都以语言运用为基础，并在学生个体语言经验发展过程中得以实现。"

正是因为核心素养的四个方面是一个整体，所以课程标准在"教学建议"中，强调在准确理解学习任务群的定位和功能基础上的学习任务设计和实施，要做到"注重语文与生活的结合，注重听说读写的内在联系，追求语言、知识、技能和思想情感、文化修养等多方面、多层次发展的综合效应"。

### 2. 突出了学习情境创设和学习任务设计的重要性

"创设真实而富有意义的学习情境，凸显语文学习的实践性。"这是课程标准"教学建议"明确提出的要求，目的是为核心素养的整体提升和螺旋发展提供"内驱力"和积极的实践境遇。有了"真实而富有意义的"学习情境为基础，学习任务也就同样拥有了真实性和目标意义。

缺乏学习情境，没有学习任务作为载体，语言文字运用学习也就成为了纯粹的"纸上谈兵"，学科核心素养发展也就失去了有力保障。这也是造成以往语文教育高耗低效的重要原因之一。"真实而富有意义的"学习情境，"源于生活中语言文字运用的真实需求，服务于解决现实生活的真实问题"。"真实而富有意义的"学习情境，可以建立起语文学习、社会生活和学生经验之间的关联，能够促进关键的语文知识和语文能力因运用需要而整合，能够"体现运用语文解决典型问题的过程和方法"。正如杨向东教授所言："所谓真实情境，其本质是心理意义上的，是指那些贴近学生既有经验且符合其当下兴趣的特定环境。正是这样的整合性真实情境，搭建了学生所处日常生活实践与学校课程（领域）学习之间的桥梁，赋予学生学习活动以意义，使得学生实践反思与社会互动变得必要和成为可能。"

正如新课标"课程理念"中所指出的，学习任务是载体，既是构建学习任务群的载体，也是有逻辑有层次地安排系列语文实践活动，以帮助学生落实学习目标的载体。设计和实施学习任务的目的，一是让学习在"真实"的问题解决情境中真实发生——学生觉得要学习的知识和技能都是有价值的；二是依托学习任务，使原本离散的学习内容、情境、方法、资源等得到有逻辑的整合，帮助学生建构系统性和整体性的学习体验；三是追求深度理解，促进学生学科核心素养的切实发展，即"追求语言、知识、技能和思想情感、文化修养等多方面、多层次发展的综合效应"。

### 3. 强调了教学评一体化

新课标比以往任何一版课标都重视教学评价，不仅研制了学业质量标准，提出了更加细致的评价建议，在"课程内容"部分的每个学习任务群的"教学提示"中，都给出了明确的评价提示。学业质量标准既是评价标准依据，又揭示了评价目的；评价建议明确了评价理念（原则）和评价策略（方法）；评价提示则针对每个学习任务群指出了评价内容依据（用什么评价和评价什么）和学段侧重点。这三者构建了教学评价的标准体系，从理念、依据到方法、内容，为教学评一体化的有效落实奠定了基础。

以上三点，从课程目标、教与学方式变革以及如何科学运用教学评价促进教与学质量提升等角度，为教师落实新课标理念指明了方向，也带来了新的思考和挑战——到底选择怎样的教学实施方法和路径，才能为学生语文核心素养的发展保驾护航？

## 二、新课标倡导大单元教学

到底选择怎样的教学实施方法和路径，才能为学生语文核心素养的发展保驾护航，新课标有很明确的回答，那就是"课程实施"部分的"教学建议"。

"教学建议"的第二条是这样表述的："教师要明确学习任务群的定位和功能，准确理解每个学习任务群的学习内容和教学提示。在此基础上，综合考虑教材内容和学生情况，设计不同类型的学习任务，依托学习任务整合学习情境、学习内容、学习方法和学习资源，安排连贯的语文实践活动。注重语文与生活的结合，注重听说读写的内在联系，追求语言、知识、技能和思想情感、文化修养等多方面、多层次目标发展的综合效应。"

对照第一节中对大单元教学的定位，新课标中"依托学习任务整合学习情境、学习内容、学习方法和学习资源，安排连贯的语文实践活动"，与大单元教学的基本追求和重要特征是一致的。大单元教学强调学习任务的设计，强调任务链的精心组织，强调活动的层次性和连贯性。大单元教学还特别强调学习目标的深度理解和概念性理解，这正呼应了上面这段话的要义："注重语文与生活的结合，注重听说读写的内在联系，追求语言、知识、技能和思想情感、文化修养等多方面、多层次目标发展的综合效应。"

"学习任务群"的核心是"学习任务"。"任务"强调为何和如何"行动"的，而且"学习任务"明确了完成任务的行动主体——学生，强调了学生的自主学习。一个现实的"任务"本身就具有整合力，包括了任务的目标、内容、情境以及评价；为了完成任务，行动者就需要积极主动地整合和利用资源、选择和运用方法、设计和规划路径。

这样看来，"学习任务群"这一概念在新课标中，最核心的，也可以说是颠覆性的价值，就是告诉一线教师要成为"学习任务"的设计者、组织者和指导者，要将教学内容融入到目标具体的动态实践中，让学生"做中学"，在情境任务的实践体验中发展学科核心素养。

如果说新课标以学习任务群的方式组织和呈现课程内容的主要目的之一，就是为了真正促进教与学方式的变革，那么，大单元教学是最契合这一变革要求的实践选择。我们可以通过一个具体的大单元教学设计案例来进一步理解这种"契合"。

## 统编版三年级下册第一单元大单元设计思路

综合分析单元各版块内容和重点学习目标（语文要素指向的），从课程内容角度看，这个单元主要属于"文学阅读与创意表达"学习任务群。其中涉及"优美生动语句"的体会和积累，可以看作"语言文字积累与梳理"学习任务群，但就整合力而言，基于"文学阅读与创意表达"学习任务群来设计学习任务，才是最合适的选择。《古诗三首》《燕子》《荷花》《昆虫备忘录》都属于文学文本，都是用文学的方式来表现"可爱的生灵"，阅读训练要素也是与文学文本相匹配的。

综合上面的解读，这个单元的学习目标可以表述如下：

学生将知道（K）：

1.语言运用是实现表达意图的基础；优美生动的语言更具有表现力。

2.一边读一边想象可以帮助自己理解文章内容。

3.可以从不同角度观察和了解一种事物。

学生将理解（U）：

1.优美生动的词句可以促进读者形成联想和想象画面，反之，运用联想和想象可以促进对优美生动词句的理解和体会。

2.从不同角度描写一种事物，可以把事物表现得更清楚。

学生将能做（D）：

1.运用图像化策略阅读描写自然中事物的文章，判断和评价语句为什么优美生动。

2.从不同的角度观察事物，借助记录卡并运用图像化策略把事物写清楚。

结合KUD目标的梳理，这个单元学生要发现和理解的大概念可以提炼为：

1. 图像化策略是阅读理解和生动表达的重要策略。
2. 多角度描写是把事物写清楚的重要方法。

大概念的提炼，可以帮助我们更深刻地理解学习目标，促成对策略和方法的元认知，从而沉淀为可以积极迁移的能力素养。单元学习目标要真正得到落实，要真正促进学生发现和理解大概念，就要创设"真实而富有意义的"学习情境，并通过基于学习情境的核心学习任务的设计和实施，来帮助学生形成概念性理解。

结合单元主题、内容和学生需要，学习情境可以这样创设：大自然中有许许多多可爱的生灵，比如一株看上去平凡却与众不同的植物，一种特点鲜明的小动物等。当你有幸与这些可爱的生灵成为好朋友，你将会进一步发现它们是那么多姿多彩，是那么奇妙无穷。如果你用心体会，还会发现，我们的生活因为有了它们，而变得更加丰富，充满了美妙的情趣。你身边，你心中，一定有这样可爱的生灵。它是谁？你准备用怎样的文字向大家介绍它？让我们做一回心目中可爱生灵的代言人吧！

基于学习情境设计的核心学习任务应该能够让学生学会通过语文的方式（图像化策略、多角度观察和描写的方法）欣赏和表现生灵的可爱，进而达成可以迁移的概念性理解。"为自己的动植物朋友代言"，就是一个符合需要的大单元核心学习任务。

为自己的动植物朋友代言，那就要把动植物朋友的特点，尤其是令人欣赏、独一无二或让自己为它感到骄傲的特点展示出来，让别人"看见"，产生共鸣。所以，这是一个需要方法和能力的任务。

用语文的方式代言，那就要写一篇能够让读者了解它，进而喜欢它欣赏它的文章了。

这样的文章怎么才能写出来，而且写好呢？学生是没有概念的。那就需要先弄清楚什么样的文章能够为具体的事物代言——好的代言文章的标准是怎样的。然后，按照标准作充分准备，完成代言文章。最后还要根据标准对代言文章进行评价，或者评选出金牌代言文章，或者举办一期动植物朋友"博览会"（配图文章展示）。这样一步步完成任务，达成概念性理解，也就是需要将核心任务分解成线索清晰的子任务。子任务分解如下：

子任务一：从课文中积累10个优美生动的语句。（文本资源除了课文，补充菁莽的《翠鸟》。）

子任务二：向上一届博览会的"可爱生灵"们取经。创设情境，将课文中写的动植物看成"上一届博览会"的十佳选手，阅读思考它们为什么成为了人们心目中特别可爱的生灵，从文本中找出依据并说明理由。进而提炼出优秀代言文章的标准，用以指导学生自己代言文章的成功标准。

子任务三：为自己的动植物朋友撰写代言文章。

子任务四：开展金牌代言文章评选或举办动植物朋友"博览会"。（结合本单元口语交际的训练要素，内容上将推荐春游地点替换为推荐可爱生灵。）

接下来就是进行对应每一个子任务的教学设计了。

除了精心设计具有整合性的学习任务和素养为本的目标追求外，教学评一体化也是大单元教学的基本追求。大单元教学强调目标导向下学习证据的澄清和评价，具体学习任务和学习体验的设计，都要为预期学习结果的达成和评价证据的产出服务。这进一步证明了大单元教学是符合新课标理念的。

总计而言，上面的讨论，从三个方面说明了新课标隐含了对大单元教学的提倡：一是学习目标的定位和追求，二是以任务驱动的方式组织和实施教学活动，三是教学评一体化的理念和实践追求。

再来看看《义务教育课程方案（2022年版）》在"课程实施"第二条"深化教学改革"中的要求："探索大单元教学，积极开展主题化、项目式学习等综合性教学活动，促进学生举一反三、融会贯通，加强知识间的内在联系，促进知识结构化。"这里，明确提出了"探索大单元教学"，指出了大单元教学的目标追求。

由是观之，虽然新课标没有直接提出大单元教学的概念，但语文大单元教学探索和实践，却是新课标和《义务教育课程方案（2022年版）》共同明确的教学理念，应该成为一线教师语文教学的实践追求。

## 第三节
## 学习任务群与大单元教学

在概括性讨论了新课标与大单元教学的联系的基础上，有必要从多个角度详细探讨"学习任务群"与大单元教学的关系。

### 一、六个学习任务群是怎么诞生的

自从《普通高中语文课程标准（2017年版）》以"学习任务群"的方式来界定"课程内容"，"学习任务群"这个新词、概念就成为关注和讨论的焦点。时至今日，质疑声仍然不断。这就像应统编版教材而生的新词、概念"语文要素"一样，一开始也受到质疑。

如果一个新概念被创造出来，创造者却没有能够对概念作出透彻的、令人信服的解释，受到质疑是必然的。从某种角度来说，或者就是学术角度吧，这种质疑是可贵的。正是质疑促进了大家对新概念内涵的不断思考和澄清，最终在某种程度上达成"共识"，促使大家去努力理解并应用于实践。

新课标沿用了《普通高中语文课程标准（2017年版）》中的"学习任务群"概念，这无疑是进一步宣布了这一概念的"合法性"和"权威性"，几乎从根本上决定了语文教师必须以认同、学习的态度来积极理解它，理解语文课程内容，进而运用这一概念指导自己的语文课程实践。

有老师提出，研读新课标中的六个学习任务群，困惑很多，希望能有通俗易懂的解读引领。我也这么觉得。不过，"语文要素"这个概念至今还没有真正变成"通俗易懂"的语文学科领域概念，我想，"学习任务群"这个概念的真正厘清，也不是一件容易的事情。我们只能尝试着从自己能够把握一二的角度来努力理解它。

新课标的"课程内容"部分，包括"主题与载体形式"和"内容组织与呈现方式"两个版块。

关于"主题与载体形式"版块，多读几遍，自己想，自己领会，如果要作进一步理解和领会，建议做一件事情——将小学语文统编版教材中的选文，根据三大主题作一个对应分类。

接下来重点聊一聊"内容组织与呈现方式"版块，尤其是其中的"学习任务群"。

所谓"课程内容"，主要解决的是拿什么教/学和教/学什么的问题。参考数学课程标准，就很好理解。不过，数学课程标准中的课程内容界定清楚明白，数学老师不会说读不懂，困惑大。因为数学学科的性质不同吧。

以往的语文课程标准中，虽有"课程目标与内容"的提法，实际上只有"目标"描述，没有"内容"描述。这当然是一个明显的缺失。新课标，终于有了"课程内容"的描述，这是令人欢欣的。

"义务教育语文课程内容主要以学习任务群组织与呈现。"这是"内容组织与呈现方式"版块的第一句话。这句话至少可以这样理解：学习任务群首先是义务教育语文课程内容的一种组织形式，同时是一种呈现形式。组织强调的是内在逻辑，呈现指向的是外显形态。

学习任务群的内在逻辑是怎样的呢？

设计语文学习任务，要围绕特定学习主题，确定具有内在逻辑关联的语文实践活动。语文学习任务群由相关联的系列学习任务组成，共同指向学生的核心素养发展，具有情境性、实践性、综合性。

这是"内容组织与呈现方式"版块导语第一段话的后面两句。

先看第一句，这里有几个被联系起来的概念：语文学习任务、特定学习主题和语文实践活动。理解它们之间的联系，要抓住"围绕""确定"两个动词。语文学习任务，是指所有以发展学生语文核心素养为旨归的、指向具体课程目标的任务。学习任务的设计，要围绕学习主题，而且是"特定"学习主题。都有哪些学习主题呢？"主题与载体形式"中已经明确了，主要有三大类，即"中华优秀传统文化""革命文化""社会主义先进文化"。其次还包括占30%~40%的"反映科技、自然、生活等方面的应用、说明、记叙类作品，以及外国优秀文化作品"。学习任务要通过具体的语文实践活动来落实，一个具体的目标任务，可以分解为几个具有一定层次性、逻辑性的实践活动，循序渐进地落实每个实践活动，最终就会完成具体的学习任务，落实具体的学习目标。

再来看看第二句。显然，语文课程的实施（任何课程的实施），都需要根据目标落实的需要精心设计一系列相关联的学习任务。如果一个单元设计一个核心任务，在主题、目标、内容、学习方式等方面相关联的系列学习任务，就组成了一个"群"——一共是六个学习任务群。因为"群"内的每个学习任务是具有情境性、实践性和综合性的，所以"学习任务群"必然是具有情境性、实践性和综合性的。语文学习任务的参与、体验，不断丰富学生语文知识的积累，提升学生的语言运用能力，发展学生的思维，促进学生的审美和创造能力，也就是为学生语文核心素养的发展不断聚能，这就是"共同指向学生的核心素养发展"的要义。

紧接着，"内容组织与呈现方式"导语的第二段话这样写道：

义务教育语文课程按照内容整合程度不断提升，分三个层面设置学习任务群，其中第一层设"语言文字积累与梳理"1个基础型学习任务群，第二层设"实用性阅读与交流""文学阅读与创意表达""思辨性阅读与表达"3个发展型学习任务群，第三层设"整本书阅读""跨学科学习"2个拓展型学习任务群。根据学段特点，学习任务群安排可有所侧重。

这段话有这样几个意思。第一，所有义务教育语文课程内容被划分为六个学习任务群；第二，六个学习任务群是按照内容整合程度的不同来划分的；第三，六个学习任务群按照内容整合程度的不同，从低到高分为三个层面，即基础型（语言文字积累与梳理）、发展型（实用性阅读与交流、文学阅读与创意表达、思辨性阅读与表达）、拓展型（整本书阅读、跨学科学习）；第四,根据学段特点,也就是学生年龄特征,学习任务群的安排侧重点有所不同——按照内容整合程度对学习能力的要求和挑战之不同,大概在第一学段侧重于基础型,第三四学段相对于第一二学段,拓展型要有所侧重。

如果仅仅从名称上来梳理六个学习任务群,一定会令人疑惑——好像找不到一个可以依凭的统一标准,基础型学习任务群"语言文字积累与梳理"是针对学习活动来说的,发展型学习任务群"实用性阅读与交流""文学阅读与创意表达""思辨性阅读与表达"是针对语篇类型而言的,拓展型学习任务群"整本书阅读"主要是针对学习内容的,而"跨学科学习"又是针对学习方式的。所以,强调"按照内容整合程度"这一划分标准,也就是给予了语文教育工作者理解为什么是这样六个学习任务群的一把重要钥匙。

## 二、六个学习任务群的联系和区别

三个层面六个学习任务群在内容整合程度上,到底有怎样的区别呢?为什么基础型学习任务群内容整合程度不及发展型学习任务群,拓展型学习任务群又比发展型学习任务群整合程度要高呢?

既然三个层面学习任务群主要是按照内容整合程度来划分的,是不是说,内容本身是没有区别的呢?显然不是,这从具体学习任务群的名称上就可以看出——"文学阅读与创意表达"与"整本书阅读"在内容本身就有所区别,整本书有文学类的,但不仅仅有文学类的。尤其是同一层面的学习任务群,内容区分就更鲜明,例如同属于发展型的三个学习任务群,指向了不同的语篇类型文本的阅读和表达交流。这告诉我们什么呢?学习任务群的三个层面是按照内容整合程度划分的,但具体的学习任务群又不是按照内容整合程度来划分的。

可以这么理解,因学习内容的侧重点不同,课标制定者先将义务教育语文课程内容划分成了六个学习任务群,然后又根据课程内容整合程度上的区别,将六个学习任务群分成了三个不同的层面。整合程度最低的"语言文字积累与梳理"属于基础型,整合程度高一点的"实用性阅读与交流""文学阅读与创意表达""思辨性阅读与表达"属于发展型，整合程度更高的"整本书阅读""跨学科学习"属于拓展型。

"内容整合"到底指什么？

我们先用一张表格来概括性地了解一下六个学习任务群。

| 所属层面 | 学习任务群 | 新课标中的概述 |
| --- | --- | --- |
| 基础型 | 语言文字积累与梳理 | 本学习任务群旨在引导学生在语文实践活动中，积累语言材料和语言经验，形成良好语感；通过观察、分析、整理，发现汉字的构字组词特点，掌握语言文字运用规范，感受汉字的文化内涵，奠定语文基础。 |
| 发展型 | 实用性阅读与交流 | 本学习任务群旨在引导学生在语文实践活动中，通过倾听、阅读、观察，获取、整合有价值的信息，根据具体交际情境和交流对象，清楚得体表达，有效传递信息，满足家庭生活、学校生活、社会生活交流沟通需要。 |
| 发展型 | 文学阅读与创意表达 | 本学习任务群旨在引导学生在语文实践活动中，通过整体感知、联想想象，感受文学语言和形象的独特魅力，获得个性化的审美体验；了解文学作品的基本特点，欣赏和评价语言文字作品，提高审美品位；观察、感受自然与社会，表达自己独特的体验与思考，尝试创作文学作品。 |
| 发展型 | 思辨性阅读与表达 | 本学习任务群旨在引导学生在语文实践活动中，通过阅读、比较、推断、质疑、讨论等方式，梳理观点、事实与材料及其关系；辨析态度与立场，辨别是非、善恶、美丑，保持好奇心和求知欲，养成勤学好问的习惯，负责任、有中心、有条理、重证据地表达，培养理性思维和理性精神。 |
| 拓展型 | 整本书阅读 | 本学习任务群旨在引导学生在语文实践活动中，根据阅读目的和兴趣选择合适的图书，制订阅读计划，综合运用多种方法阅读整本书；借助多种方式分享阅读心得，交流研讨阅读中的问题，积累整本书阅读经验，养成良好阅读习惯，提高整体认知能力，丰富精神世界。 |
| 拓展型 | 跨学科学习 | 本学习任务群旨在引导学生在语文实践活动中，联结课堂内外、学校内外，拓宽语文学习和运用领域；围绕学科学习、社会生活中有意义的话题，开展阅读、梳理、探究、交流等活动，在综合运用多学科知识发现问题、分析问题、解决问题的过程中，提高语言文字运用能力。 |

通过对表格中各学习任务群总体目标任务的概述对比，我们会发现，共同点都是强调引导学生"在语文实践活动中"实现知识、技能和思想情感、文化修养等多方面、多层次目标的发展。"语文实践活动"指什么呢？也就是"课程目标"的"学段要求"中涉及的四个方面，即"识字与写字""阅读与鉴赏""表达与交流""梳理与探究"。

每个学习任务群所涉及的具体内容特点不同，所以指向的目标侧重点也就不同。例如，"语言文字积累与梳理"聚焦的是语言材料和语言经验积累所促成的语感发展，以及对汉字语言运用规范的掌握，是为语文能力打基础的；"文学阅读与创意表达"聚焦的是文学作品的阅读鉴赏和文学表达的知识习得、能力培养。

那么，又如何来区分三个层面学习任务群"内容整合程度"的不同呢？这就要回到"常识"来进行认识和思考了。

"语言文字积累与梳理"的学习内容，关注的是最普遍的和最基础的语言材料和现象，诸如常用字词、格言警句、儿歌、对联、古诗、精彩句段等，这些都是为进一步的语言运用打基础的。以"积累与梳理"这些为学习任务，就相对来说要单纯得多。统编版低年级的识字单元以及"语文园地"中的"识字加油站""字词句运用（词句段运用）""日积月累"，都可以作为这一学习任务群中的具体内容。

那么，具体文本的阅读鉴赏过程中，不也涉及了语言文字的积累吗？甚至也可以帮助学生进行语言文字规律的梳理。是的，这就是为什么说"实用性阅读与交流""文学阅读与创意表达""思辨性阅读与表达"这三个学习任务群内容整合程度要比"语言文字积累与梳理"要复杂的缘故。虽然这些学习任务群的任务目标侧重的是对不同语篇类型文本的阅读理解、审美体验，但一定要以语言材料和语言经验的积累为基础。也就是说，这些学习任务群中每一个具体的学习任务下，都会包含有"语言文字积累与梳理"学习任务群所指向的内容和目标，只是不是当下学习任务的核心内容而已。我们在进行基于发展型学习任务群的大单元教学设计时，每一篇文本的字词学习、语言现象的积累和领悟以及"语文园地"中的"识字加油站""字词句运用（词句段运用)""日积月累"等，都是要整合进核心任务里的。

同样，"整本书阅读"学习任务群，因为整本书就包含了不同的语篇类型（实用性、文学性、思辨性），其学习任务中，就必然整合了基础型和发展型学习任务群所指向的学习内容。"跨学科学习"在以上基础上，还涉及了其他学科的知识和技能的运用，其整合程度当然不言而喻了。

我想，这样梳理下来，六个学习任务群的联系和区别大概就清晰了。

这六个学习任务群，基本覆盖历来语文课程所包含的古今实用类、文学类、论述类等基本语篇类型，关注语言文字运用的各种现象和当下跨媒介运用的新特点，指向的是促进学生语文核心素养的整体发展。

六个学习任务群与语文课程核心素养四个方面之间存在多重对应关系，同时各自又承载着特定的课程目标，在发展学生的必备品格、语文关键能力和正确价值观方面各有侧重。

强调学习任务群的情境性、实践性和综合性，追求的是课程内容、学生生活、语文实践之间的协调和融通，而不是知识点、能力点的简单线性排列，不是学科知识的逐点解析和学科技能的逐项训练。

## 三、避免学习任务群的误读

新课标在"课程目标"部分，首要强调的是语文学科核心素养，这一点是大家早就预料到的——"中国学生发展核心素养"自2014年提出至2016年发布，就已经宣布了教育改革新时代，即核心素养时代的到来。核心素养的提出，体现的是对语文教育的新观察、新思考和新定位，是对母语教育和未来人才培养的展望和期许。

"课程内容"部分以"学习任务群"这个新概念来架构，虽然有《普通高中语文课程标准（2017年版）》作了铺垫，但是，相对于"课程目标"以"语文学科核心素养"为主旨，义务教育阶段的一线语文教育工作者，还是感到有些突兀和陌生。

新课标刚刚颁布，很多老师就在认认真真研读和尝试着进行解读，其中对学习任务群的解读尤其受到关注。有一篇讨论学习任务群的文章，作者对学习任务群的理解，从历史传承到当下发展，从价值取向到内容特点，都给人很大启发。但是，文章在进行实践举例时，将单篇课文以系列任务驱动、一个大单元设计中的多个任务、一个具体跨学科学习主题中的系列任务等，都看成一个个自成体系的学习任务群，也就是说，将一个围绕具体学习目标的落实设计的大单元核心学习任务看成一个由多个子任务组成的学习任务群，这种"任务群"的认识是值得商榷的，应该说是对"学习任务群"的误读——若这样来理解学习任务群的话，那仅仅小学阶段的语文课程实践中，就包含了 N 个学习任务群，而不是新课标中所提出的六个学习任务群了。

还有一种理解，认为每篇课文的教学，都可以从教学内容上归属于不同的学习任务群。例如学习朱自清先生的《匆匆》，其中的字词学习和句式积累，属于基础型的"语言文字积累与梳理"学习任务群；创作背景的介绍，属于发展型的"实用性阅读与交流"学习任务群；体会文章是怎样表达感情的，就属于发展型的"文学阅读与创意表达"学习任务群；让学生就人们对"时间"话题进行讨论，则属于发展型的"思辨性阅读与表达"学习任务群；布置学生课下再读读朱自清散文集，属于拓展型的"整本书阅读"……一篇课文的教学，就落实了六个学习任务群中的五个，所以认为学习任务群就这么好理解，极简单。这种机械对应的理解，无疑就是在将一篇课文的学习内容拆散了，一一贴上学习任务群的标签而已。而且，这样一来，不仅仅是一篇课文，即使是一个单元，到底围绕一个什么样的核心任务来设计学习活动，就毫无头绪了。这样的学习，就远离了内容的"整合"思路，不可能帮助学生建构有联系的、发展的学习体验，更不能聚焦重点学习目标的落实和相应的概念性理解。

科学理解学习任务群，有两点需要明白。其一，新课标已经明确了，整个义务教育阶段的语文课程内容，只有六个学习任务群。具体的学习任务会有很多，但所有的学习任务都在这六个"群"内。教师为一个教材单元或者自主开发单元设计的学习任务，从其学习内容和重点目标定位（学业要求）来判断，都会属于六个学习任务群中的某一个或两个，一般不会超过三个。

以统编版五年级下册一至四单元为例，每个单元的核心学习任务设计和所属学习任务群大致如下：

| 单元 | 学习任务群 | 人文主题 | 语文要素 | 核心学习任务 |
| --- | --- | --- | --- | --- |
| 第一单元 | 文学阅读与创意表达 | 每一个人都有他自己的童年往事，快乐也好，心酸也好，对于他都是心动神移的最深刻的记忆。 | 1.体会课文表达的思想感情；2.把一件事的重点部分写具体。 | 编一本童年故事集。 |
| 第二单元 | 文学阅读与创意表达/整本书阅读 | 观三国烽烟，识梁山好汉，叹取经艰难，惜红楼梦断。 | 1.初步学习阅读古典名著的方法；2.学习写读后感。 | 举办一次古典名著片段展演。 |
| 第三单元 | 语言文字积累与梳理/跨学科学习 | 横竖撇捺有乾坤，一笔一画成文章。 | 1.感受汉字的趣味，了解汉字文化；2.学习搜集资料的基本方法；3.学写简单的研究报告。 | 策划一期"汉字知多少"的宣传专栏，为专栏撰写简单的研究报告。 |
| 第四单元 | 文学阅读与创意表达 | 苟利国家生死以，岂因祸福避趋之。——林则徐 | 1.通过读文中动作、语言、神态的描写，体会人物的内心；2.尝试运用动作、语言、神态描写，表现人物的内心。 | "动人的瞬间"图文展。 |

其二，学习任务群强调的是"学习任务"，而学习任务的目标价值，从宏观上讲，指向语文学科核心素养的发展和落实；从微观上考量，指向的是具体语文学习目标的落实，尤其是整合了学习目标、学习内容、学习情境、学习方法、学习资源、学习评价的深度理解的落实。

例如，统编版一年级下册第五单元，从内容和目标来看，属于基础型的"语言文字积累与梳理"学习任务群，通过这个单元的学习，要落实的理解性目标是"汉字具有以形表意的特点，蕴含着丰富的文化内涵"。那么，在大单元理念下对这个单元进行核心学习任务设计，就要以新课标中"语言文字积累与梳理"学习任务群第一学段的学习内容和教学提示为指导。

什么样的学习任务可以促进学生对概念性目标的理解呢？可以将学习任务设计为"举办'我的汉字大课堂'图谱展"。为什么要设计这样的核心任务呢？本单元中的文本充分考虑了学生的年龄特点，既有有趣的动物知识、愉快的体育活动，还有为人处世的基本之道，以及学生在前面的语文课程和生活中体验的四季气象、景色等，这些都可以成为持续帮助学生进行目标理解的语境。未应用的知识是无意义的知识。对于本单元学习的识字方法，学生要能在生活中去运用，既能主动识字，认识万事万物都可以成为识字的"课堂"，还能尝试分类整理课内外认识的字。为了呼应对理解性目标的落实，结合学生的兴趣，创设积极的语文实践活动——举办"我的识字大课堂"图谱展。

再以统编版五年级下册第五单元为例，这个单元要深度理解的是"文学作品中，合理选择和运用具体写法能够突出人物形象特点"，从学习内容和重点目标来看，属于拓展型的"文学阅读与创意表达"学习任务群，核心学习任务可以设计为"举办'班级里的那些人'专栏作品发布分享会"。这个核心学习任务，要分解成几个层次递进的子任务，以帮助学生有层次地抵达深度理解。

为什么一个单元或者一篇课文的学习，不将其分解到多个学习任务群中呢？这是因为一个聚焦重点学习目标（在大单元教学理念下，我们提炼"大概念"，也就是值得和需要持续理解的目标）的学习任务，必然具有整合的功能，具有凝聚力。例如，如果一个单元属于"文学阅读与创意表达"学习任务群，字词的学习、语言的积累、思辨的活动等，一般都会涉及，但这些学习内容是为重点学习目标服务的，是居于基础性地位的。这就是"学习任务"设计的要义——围绕重点学习目标或大概念的理解来设计一个具有情境性、综合性、实践性的学习任务。如果一篇课文或者一个单元，要设计很多个学习任务，那就没办法落实重点学习目标了。

### 四、学习任务群与课程目标的关系

学习任务群是课程内容的组织和呈现方式，课程内容是为课程目标的落实服务的，所以，理解学习任务群，不得不思考其与课程目标的关系——如果课程标准能够将课程内容与课程目标对应着呈现出来，那教什么学什么和为什么教为什么学，就一目了然了。或许，如果课程标准不是分学段来定位课程目标和课程内容，而是分年级来定位和呈现，一线教师就更加幸福了。

标准还需要解读，的确是难为了我们一线教师。2022年4月30日，课标专家组的郑国民教授解读新课标，用了一个半小时，是从大的框架和方向上对新课标内容作了梳理。郑国民教授谈学习任务群，用了17分钟，大致谈了三点意思。一是学习任务群这种创造性的课程内容组织和呈现方式不是凭空诞生的，而是来自很多一线教师和教研员多年的实践探索。二是运用学习任务群这种组织和呈现方式来表述课程内容，目的是改变知识点、能力点静态呈现对教师教学带来的约束，以促成教师在课程实施时致力于引导学生在动态实践中学习语言文字运用，发展语文核心素养。最后才是对课标中六个学习任务群进行解释。讲座中，郑教授没有谈及学习任务群与课程目标之间的关系。

实际上，学习任务群是为落实课程目标服务的，这一点是毫无疑问的。一线教师关心的是诸如这样的问题：

第一学段"文学阅读与创意表达"学习任务群，在课程实施时，该如何对应课程目标相应的学段要求？

我想，这需要一线教师自己至少做两件事。

第一件事：基本厘清不同学习任务群的学习内容与学段目标中四个实践活动领域的对应关系。例如，"文学阅读与创意表达"学习任务群基本对应的是"阅读与鉴赏""表达与交流"中的相关描述。

可以通过列表来梳理，如第二学段"文学阅读与创意表达"学习任务群与课程目标中的学段要求的对应关系（学段要求中画线内容基本与"文学阅读与创意表达"学习任务群对应）——

| 第二学段"文学阅读与创意表达" | 课程目标学段要求第二学段"阅读与鉴赏""表达与交流" |
|---|---|
| （1）阅读并讲述革命故事、爱国故事、历史人物故事，感受幸福生活来之不易，表达自己对美好生活的向往，以及对革命英雄、仁人志士的崇敬之情。<br>（2）阅读描绘大自然、表现人类美好情感的诗歌、散文等文学作品，结合自己的生活体验，尝试用文学语言表达自己热爱自然、珍爱生命的情感。<br>（3）阅读富有想象力和表现力的儿童文学作品，欣赏富有童趣的语言与形象，感受纯真美好的童心，学习用口头或者图文结合的方式创编儿童诗和有趣的故事，发展想象力。 | 【阅读与鉴赏】<br>1. 用普通话正确、流利、有感情地朗读课文。初步学会默读，做到不出声，不指读。学习略读，粗知文章大意。<br>2. 能联系上下文，理解词句的意思，体会课文中关键词句表达情意的作用。能借助字典、词典和生活积累，理解生词的意义。在理解语句的过程中，体会句号与逗号的不同用法，了解冒号、引号的一般用法。<br>3. 能初步把握文章的主要内容，体会文章表达的思想感情。学习圈点、批注等阅读方法。能对课文中不理解的地方提出疑问，乐于与他人讨论交流。<br>4. 能复述叙事性作品的大意，初步感受作品中生动的形象和优美的语言，关心作品中人物的命运和喜怒哀乐，与他人交流自己的阅读感受。诵读优秀诗文，注意在诵读过程中体验情感，展开想象，领悟诗文大意。<br>5. 阅读整本书，初步理解主要内容，主动和同学分享自己的阅读感受。<br>6. 积累课文中的优美词语、精彩句段，以及在课外阅读和生活中获得的语言材料。背诵优秀诗文50篇（段）。养成读书看报的习惯，收藏图书资料，乐于与同学交流。课外阅读总量不少于40万字。<br><br>【表达与交流】<br>1. 乐于用口头、书面的方式与人交流沟通，愿意与他人分享，增强表达的自信心。<br>2. 能用普通话交谈，学会认真倾听，听人说话时能把握主要内容，并能简要转述。能就不理解的地方向人请教，就不同的意见与人商讨。<br>3. 能清楚明白地讲述见闻，说出自己的感受和想法。讲述故事力求具体生动。能主动参与日常生活中的文化活动，根据不同的场合，尝试运用合适的音量和语气与他人交流，有礼貌地请教、回应。<br>4. 观察周围世界，能不拘形式地写下自己的见闻、感受和想象，注意把自己觉得新奇有趣或印象最深、最受感动的内容写清楚。能用便条、简短的书信等进行交流。尝试在习作中运用自己平时积累的语言材料，特别是有新鲜感的词句。<br>5. 学习修改习作中有明显错误的词句。根据表达的需要，正确使用冒号、引号等标点符号。课内习作每学年16次左右。 |

如果再用表格对应梳理一下第二学段"实用性阅读与交流"学习任务群与第二学段"阅读与鉴赏""表达与交流"两个实践领域，就会发现，两个学习任务群在课程目标上，是有重叠的。同样，这两个学习任务群与"思辨性阅读与表达"在课程目标上都有重叠。这是因为课程目标学段要求的分类，与课程内容学习任务群的划分，遵循的不是一致的标准。

做了这件事，我们就明白了一点，具体的课程目标需要靠基于学习任务群的学习实践来落实。但是，即使是课程目标的学段要求，也是高度概括的，是需要进一步细化的。毕竟，一个具体的大单元学习任务，能够落实的学习目标，一定是比相对应的课程标准中的学段要求更加具体的。

第二件事，就是借助手头教材单元，或者自主设计的主题大单元学习任务，来进一步理解学习任务群与课程目标学段要求之间的关系。如果具体的学习目标确定了，就可以根据目标落实的需要来确定学习内容，设计学习任务。往往，因为教材单元本身就已经被编者设定了主要学习目标——为什么学，所以教师只需要厘清学习目标属于哪个实践活动领域，再根据主要学习目标和单元文本等，分析这个单元属于哪一个或两个学习任务群，然后精心设计整合了目标、情境、内容、资源、方法和评价的大单元学习任务，让学生在任务实践中抵达目标理解。

例如，统编版六年级下册第一单元的 KUD 目标可以这样定位：

K：不同地域不同传统节日的风俗各不相同，这些不同的风俗成就了丰富多彩的节日文化；为了实现具体的表达意图，作者往往会确定重点内容，进行详写，其他内容会略写。

U：阅读时分清内容的主次，可以更好地理解作者的表达意图；写作时确定重点，做到详略得当能够给读者留下深刻的印象。

D：在介绍家乡某种风俗或写自己参加一次风俗活动的经历时，结合实际确定介绍和叙述描写的重点内容，做到详略得当。

要落实这些目标，就要设计一个能够整合学习情境、学习内容、学习方法、学习资源的学习任务——制作风俗"纪录片"。这个任务需要学生制作一个 6 分钟左右的"纪录片"，配上合适的解说词，向观众介绍自己家乡的一种风俗或自己在一次风俗活动中的经历。

这样实践了，才能对学习任务群有属于自己的理解。

## 五、学习任务群与大单元教学

我在《聊聊 2022 年版课标与大单元教学》中已经指出，新课标中，虽然没有直接指出要运用大单元教学理念来实施教学活动，但是"教学建议"第二条的阐释，与大单元教学理念是一致的。

2. 体现语文学习任务群特点，整体规划学习内容

教师要明确学习任务群的定位和功能，准确理解每个学习任务群的学习内容和教学提示。在此基础上，综合考虑教材内容和学生情况，设计不同类型的学习任务，依托学习任务整合学习情境、学习内容、学习方法和学习资源，安排连贯的语文实践活动。注重语文与生活的结合，注重听说读写的内在联系，追求语言、知识、技能和思想情感、文化修养等多方面、多层次发展的综合效应。

"综合考虑教材内容和学生情况，设计不同类型的学习任务，依托学习任务整合学习情境、学习内容、学习方法和学习资源，安排连贯的语文实践活动。"这句话揭示的就是大单元教学理念。

大单元教学中，概念性理解（大概念的理解）是最核心的目标，这一深度理解的目标落实，依赖于具有高度整合力（整合了学习内容、学习情境、学习方法、学习资源以及学习评价）的学习任务的设计和实施。

新课标以"学习任务群"来组织和呈现课程内容，其目的从"学习任务群"这一概念本身就可以想见——以内容呈现方式来促进教与学方式的根本性变革。如果以语文学习的知识点、能力点的梳理和分类来呈现课程内容，教师就有可能选择最简单粗暴的方式开展教学活动，即专注于教师讲解示范，学生死记硬背、机械训练。

"学习任务群"的核心是"学习任务"。"任务"是强调为何和如何"行

动"的，而且是谁的任务，行动的主体就是谁。"学习任务"的主体当然就是学生了。一个现实的"任务"本身就具有整合力，包括了任务的目标、内容、情境以及评价；为了完成任务，行动者就需要积极主动地整合和利用资源、选择和运用方法、设计和规划路径。

这样看来，"学习任务群"这一概念在新课标中，最核心的，也可以说是颠覆性的价值，就是告诉一线教师要成为"学习任务"的设计者、组织者和指导者，要将教学内容融入到目标具体的动态实践中，让学生"做中学"，在情境任务的实践体验中发展学科核心素养。

这就是大单元教学的理念和追求。

我们来看一个基于"学习任务群"的大单元教学设计思路——统编版六年级下册第一单元。

从单元的选文、训练要求等方面综合来看，统编版六年级下册第一单元在课程内容上主要属于"文学阅读与创意表达"学习任务群。结合单元语文要素、各版块内容和"文学阅读与创意表达"学习任务群的相关要求，本单元 KUD 目标梳理如下：

学生将知道（K）：

1. 不同地域不同传统节日的风俗各不相同，这些不同的风俗成就了丰富多彩的节日文化；

2. 文章内容有主次，主要内容作者会详写，次要内容作者会略写。

学生将理解（U）：

1. 阅读时分清内容的主次，可以更好地理解作者的表达意图；

2. 写作时确定重点，做到详略得当能够给读者留下深刻的印象，准确地实现作者的表达意图。

学生将能做（D）：

1. 阅读文章时能够分清主要内容和次要内容，判断作者的表达意图。

2. 在介绍家乡某种风俗或写自己参加一次风俗活动的经历时，明确自己的表达意图，根据表达意图实现的需要确定重点内容，做到详略得当。

上述 KUD 目标中，隐含着需要达成的概念性理解（学科大概念）是：

1. 中华传统习俗中蕴含着人情美、文化美。

2. 表达时做到主次分明、详略得当，有利于突出表达意图，引起读者的兴趣和共鸣。

发现和理解大概念需要聚焦的核心问题是：写文章时如何确定内容的主次，做到详略得当？

学习目标即预期学习成果，学习过程中产出的哪些证据，可以证明学生通过学习活动的参与和体验，实现了预期学习成果呢？

1. 能准确区分文本中的主要内容和次要内容，分清详写和略写，并据此判断作者的表达意图，理解并说出表达中的读者意识与内容详略安排的关系。

2. 在即兴发言时做到表达有条理，重点讲得详细具体一些，意图表达清楚明白。

3. 围绕家乡的一种风俗撰写文章，能够先深入了解这种风俗，再确定自己的表达意图，分清主要内容和次要内容，写作时做到详略得当。

4. 在班级编辑"出版"民俗作品集时，除了提供自己认真撰写的作品，还能积极承担具体任务，如审稿、封面设计、版面设计等。

结合单元阅读文本和习作的主题内容，学习任务的核心应该围绕"家乡的风俗"这一主题内容来设计。学习任务作为目标落实的驱动器和载体，作为语文实践活动安排的线索，要能够承载起帮助学生建构目标导向的学习体验的责任。

这个单元的学习情境，已经有了学生的生活境遇作为基础，可以这样创设：春节的热闹喜庆还在空气中洋溢，还在心头荡漾，我们一起怀着对春节丰富多彩的生活的留恋开启了新学期。每个人心中的春节，有相同的印象，更有不同的体验。从春节想开去，我们中国各地、各民族还有很多传统节日，这些节日都有独特的风俗活动，比如我们熟悉的元宵节有灯会、端午节划龙舟、中秋节吃月饼赏月等。我们对这些节日和风俗也有属于自己的了解和体验，甚至心中还留下了自己和某个风俗活动的故事。每个节日，每个人家乡的风俗，都有独特之处，都有故事可讲。当我们用心分享这些风俗习惯、活动和故事时，也是在分享、传承和发扬我们的传统文化，这是一件既有趣又有意义的事情呢。那么，就让我们一起来阅读、回味、分享家乡的风俗吧，我们一定会对各种风俗习惯有更多的了解和认识。

基于学习情境的创设，单元学习的大单元核心学习任务设计为"'出版'民俗作品集"——这一学习任务，是直接从单元"习作"中借鉴和生发的。

核心学习任务的实施，要分解为以下三个子任务，帮助学生建构更具层次性的学习体验，一步步发现和理解大概念。

子任务一：生发需求——家乡风俗介绍热身

从大单元学习情境创设入手，顺势让学生在口头分享家乡风俗的基础上，学习《古诗三首》，进一步营造情景氛围。初步讨论如果要用一篇文章来介绍自己印象深刻的家乡风俗，可以有哪些介绍的方法和策略。然后，在课堂上初试身手，梳理遇到的困惑和困难。交流梳理表达方法和策略学习的需求，发布单元核心学习任务，确定单元学习成功标准。

子任务二：破解秘密——名家如何写家乡风俗

带着问题阅读学习单元文本，发现名家作品表达的秘密，重点聚焦详略得当和与风俗习惯描述相关的词语积累运用。从表达意图和读者意识两个维度深入探究和认识详略得当的表达价值，初步发现和理解大概念。

子任务三：产出成果——写风俗故事出版作品集

迁移运用从课文学习中习得的知识和技能（主要是"详略得当"的表达策略），修改"热身"作品或重新撰写介绍分享家乡风俗的文章，根据评价量规和同学、老师的建议修改完善，然后合作编写、"出版"作品集，开展作品集"出版"发布会，举行单元学习结业庆典。

这个大单元教学设计思路，不正是"依托学习任务整合学习情境、学习内容、学习方法和学习资源，安排连贯的语文实践活动"吗？

所以，我们可以得出这样的结论：新课标以"学习任务群"来组织和呈现课程内容，最根本的目的，就是引导教师以大单元教学理念和方式来开展语文教学实践活动。

### 六、"做中学"是理解学习任务群的最佳路径

"学习任务群""大单元""大概念"……这些新名词可能会让一线教师一不小心掉进概念的陷阱!

"做中学"可以帮助我们跳出陷阱。

什么是"学习任务群"呢?无论是《普通高中语文课程标准(2017年版)》,还是新课标,都没有给出一个明确的定义。

网上流传的一种定义是这样的:所谓"学习任务群",是在真实情境下,确定与语文素养生成、发展、提升相关的人文主题,组织学习资源,设计多样的学习任务,让学生通过阅读与鉴赏、表达与交流、梳理与探究的自主活动,自己去体验环境,完成任务,发展个性,增长思维能力,形成个人的语言运用系统。显然,这是一个说不通的解释。"学习任务群"是一个偏正结构的词语,其中"学习任务"是修饰语,"群"是中心语。对这一概念的解释或下定义,应该说成"指的是……组成的群"才符合字面逻辑。这个"所谓'学习任务群'……"的说法,显然不通。

从字面上看,"学习任务群"指的就是由一个个学习任务组成的集合体。结合课标中的表述,更具体地讲,"学习任务群"指的是由具有特定目标定位和功能的、相互关联的系列学习任务组成的课程内容组织形式,其中的每个学习任务都具有情境性、实践性和综合性,它们共同指向学生语文核心素养的发展。

强调"学习任务",最根本的目的是为了促进教与学方式的根本性变革——用任务驱动的方式来组织学习活动,真正实现"学为中心",注重促进学生自主建构的学习体验。

按理说,每个学段,每个学习任务群,都包含了哪些学习任务,要一一列举出来,这样一线教师也就不需要想破脑袋地去理解到底什么是学习任务群了。当然,专家也就没有必要辛辛苦苦作讲座来帮助一线教师进行解读了。

为什么课程标准不列举出每个学习任务群里的具体学习任务呢?答案也

在课程标准里——"教学建议"第二条"体现语文学习任务群特点，整体规划学习内容"：

教师要明确学习任务群的定位和功能，准确理解每个学习任务群的学习内容和教学提示。在此基础上，综合考虑教材内容和学生情况，设计不同类型的学习任务，依托学习任务整合学习情境、学习内容、学习方法和学习资源，安排连贯的语文实践活动。注重语文与生活的结合，注重听说读写的内在联系，追求语言、知识、技能和思想情感、文化修养等多方面、多层次发展的综合效应。

这段话第一句就给一线教师布置了光荣的任务：自己去"明确学习任务群的定位和功能，准确理解每个学习任务群的学习内容和教学提示"。更重要的是，还要"在此基础上"，"综合考虑教材内容和学生情况，设计不同类型的学习任务……安排连贯的语文实践活动"。

原来，"学习任务群"由"学习任务"组成，但具体包含哪些学习任务，得教师自己去设计和创造。读得细致一点，我们还会注意到，教师设计学习任务，得"综合考虑教材内容和学生情况"。考虑学生情况是教师课程实施的应有之义；而教材内容，是教师无法左右的。有些老师关心，会不会有按照学习任务群编写的教材供大家轻轻松松使用，这个将来可能会有，但肯定不会马上有。为什么？编写教材也需要真正吃透课标，显然，以一个新的思路来编写教材，挑战不是一点点。换一个思路来看问题的话，我们还应该想到，任何一个具体的学习任务，都应该是围绕具体的学习目标来设计的，学习任务是明线，学习目标是暗线——虽是暗线，却是居于主导地位的。

为具体学习目标的落实设计学习任务，用学习任务来整合学习内容、学习情境、学习方法、学习资源和学习评价，用学习任务来整合具体的语文实践活动（识字与写字、阅读与鉴赏、表达与交流、梳理与探究），这是"学习任务群"这一新概念所蕴含的课程追求。所以，以"双线组元"的统编版教材单元，同样可以基于学习任务群来设计学习任务，落实学习目标——那就是运用大单元教学理念和实践方式。

教师没有必要等新教材。甚至，如果教师具有一定的课程开发能力，还可以根据具体学习任务群的"学习内容"和"教学提示"，自己来选择学习主题，设计学习任务。例如，"思辨性阅读与表达"学习任务群的"教学提示"就明确指出：

应根据学生思维发展的特点，在不同学段创设适宜的学习主题和学习情境。比如，第一学段"生活真奇妙""我的小问号"，第二学段"大自然的奥秘""生活中的智慧""我的奇思妙想"，第三学段"社会公德大家谈""奇妙的祖国语言""科学之光""东方智慧"，第四学段"生活的感悟""探究与创造""艺海拾贝""理性的声音"等。将文本阅读和自主探究结合起来，为学生提供广阔的思考、表达和交流空间。

这段话中就给出了参考的学习主题和情境了，再结合相关的学段目标要求和学习内容要求，教师进行课程自主开发，设计适切的学习任务，完全是有依据和创造空间的。

其实，真正要理解学习任务群，教师只要做起来就可以了。

用心分析统编版教材每一个单元，我们都会发现，都可以从学习内容和重点目标定位上对应一个或两个具体的学习任务群。例如，三年级下册第二单元，属于"思辨性阅读与表达"和"整本书阅读"两个学习任务群；五年级下册第七单元，属于"实用性阅读与交流"和"文学阅读与创意表达"两个学习任务群。更多的单元，是属于一个学习任务群的。例如，四年级下册第八单元属于"文学阅读与创意表达"学习任务群；六年级下册第六单元，从学习方式上来看，属于"跨学科学习"学习任务群。

明确了学习任务群的所属，接下来就是根据重点学习目标来设计学习任务。当教师从知识、技能等目标中提炼出了概念性理解的目标，也就是大概念，学习任务的设计也就有了着力点，接下来就是考虑学习任务的驱动力和整合力如何体现了。这进一步说明，运用大单元教学理念来进行单元教学设计，是最科学的选择。

## 七、"学习任务群"中的"学习内容"和"教学提示"

### 1. 关于定位和功能概述

每个学习任务群的第一段话，是对这一学习任务群的定位和功能概述。如拓展型学习任务群"跨学科学习"的第一段话——

本学习任务群旨在引导学生在语文实践活动中，联结课堂内外、学校内外，拓宽语文学习和运用领域；围绕学科学习、社会生活中有意义的话题，开展阅读、梳理、探究、交流等活动，在综合运用多学科知识发现问题、分析问题、解决问题的过程中，提高语言文字运用能力。

"旨在"一词，就明确了这段话的概述性质，概括性地指出了这一学习任务群的课程内容建构方向、路径和总体性目标追求。作为语文课程内容组织和呈现方式之一的"跨学科学习"学习任务群，强调要"拓宽语文学习和运用领域"，提示的是要回归母语学习和运用的本质，不能把语文局限在课堂上和课本中，应该让语文发挥其"综合性和实践性"，在解决现实问题的过程中"提高语言文字运用能力"。

### 2. 关于"学习内容"

每个学习任务群的"学习内容"是分学段描述的。研读具体的学习内容描述，就会发现，学习内容主要指明的是"学什么"，有时也包含"用什么学"。例如，"认识有关人的身体与行为、天地四方、自然万物等方面的常用字；认识家庭生活、学校生活、社会生活中的常用字；学习书写笔画简单的字，初步体会汉字结构的主要特点"（"语言文字积累与梳理"学习任务群第一学段第一条）。这里的三句话，都很明显地在告诉我们要学的是什么。再如，"学习阅读说明、叙写大自然的短文，感受、欣赏大自然的奇妙与美好。学习用日记、观察手记等，展示自己观察自然、探索科学世界的收获"（"实用性阅读与交流"学习任务群第二学段第二条）。这句话中的"学习阅读说明、描写大自然的短文",就指明了用什么来"学"。

3. 关于"教学提示"

每个学习任务群的"教学提示"不是分学段表述的,而是一体化表述的。研读就会发现,教学提示就是提示教师怎么教的,当然同时就隐含了"怎么学"。怎么教和学,最根本的就是教师精心设计主题学习任务,学生有目标有计划地完成学习任务,以达成学习目标的落实,实现语文核心素养的发展。

具体来讲,"教学提示"主要包括三个方面的提示:方法提示、目标提示和评价提示。

(1)操作方法和策略的提示是最主要的内容。例如:

学习活动可以采用朗读、复述、游戏、表演、讲故事、情景对话、现场报道等学生喜闻乐见的形式,将识字、写字、阅读、写作、口语交际、搜集处理信息等融为一体;应加强对跨媒介阅读与交流的指导,充分利用数字资源和信息化平台,引导学生提高语言理解与运用能力,逐步增强语言表达的准确性、规范性。

这是"实用性阅读与交流"学习任务群"教学提示"的第二段话,其中的"采用""将……融为一体""充分利用"等关键词就明确指向了教学方法和策略。

(2)目标提示主要是提示教师要针对具体学习内容实现什么样的学习目标,大多是整体性表述,也有按学段特点和学生实际,针对具体的学习内容进行适切定位的。例如:

一年级第一、第二学期会认的字大致安排250个和350个,其中二分之一的字会写。应先认先写《识字、写字教学基本字表》中的字,充分发挥这些字构形简单、重现率高、组字构词能力强的特点,打好基础,举一反三。应重视学生的写字姿势,引导学生掌握基本的书写技能,养成良好的书写习惯。

这是"语言文字积累与梳理"学习任务群"教学提示"第二条中的部分内容，明确指出一年级两学期在识字写字上的目标要求。

（3）评价提示在每个学习任务群的最后一条单独提出。主要是提示评价的内容以及如何发挥评价对学生学习的导向价值。例如"实用性阅读与交流"学习任务群的评价提示：

评价应注重学生在真实生活情境中语言运用的实际表现，围绕个人生活、学校生活、社会生活中阅读与交流的实际任务，评价学生实用性阅读与交流的能力。在评价中，应引导学生注意实用性阅读与表达的目的、对象、情境，以及交流效果，注意内容明确、条理清晰、语言简洁明了，注意应用文的基本格式和行文规范。

前一句提示了评价的内容对象，后一句提示了评价的导向目的。

这样的梳理，有助于我们从课标到实践层面读懂每个学习任务群。当然，还要强调的是，学习任务群带给老师们最大的挑战，是设计"学习任务"；大单元理念和实践方式的应用，是落实新课标理念和呼应学习任务群内涵的极佳选择。

第二讲

# 大单元整体解读与学习任务群判断

# 第一节
# 大单元整体解读策略与目标

一个完整的大单元教学设计和实施过程中，教师需要有逻辑有层次地做好这样几件事：单元整体教学解读、单元学习目标定位（KUD 目标梳理和大概念提炼）、单元学习情境创设、单元核心学习任务设计、子任务分解、系列语文实践活动安排、教学评价设计与落实等。

这一讲重点讨论单元整体解读的理念和方法。

教师要用好一个教材单元，为学生语文学习持续注入活水鲜源，为学生语文核心素养发展奠基和助力，需要以积极的姿态、正确的思路和科学的理念为支撑，先精心研读明白一个教材单元有什么、为什么，进而在以学生为中心的全景视域下思考"怎么做"，然后才能和学生一起进行创造性实践，收获预期教学成果。

实际上，无论是依托教材单元设计和实施大单元教学，还是自主开发和实施主题大单元教学，都需要从主题、目标、内容、资源等多角度对单元有什么和为什么进行科学、细致的解读。心中有数，才能运筹帷幄。

下面主要以教材单元为例，讨论单元整体教学解读的策略和目标。

统编版六年级上册第一单元以"触摸自然"为主题，编排了《草原》《丁香结》《古诗词三首》三篇精读课文以及一篇《花之歌》自读课文。教师打开这个单元，需要经历怎样的教学解读过程呢？

## 一、两个层次，看明白"有什么"

一个教材单元里"有什么"，需要经历两个层次的行动才能做到心中有数。

第一个层次：浏览。

浏览，得到的是个大概——这个单元有几个部分，有哪些内容。浏览通常从目录开始。以六下第一单元为例，从目录可知，单元主体内容有三个部分——课文（三篇精读+一篇略读）、习作和语文园地。翻开第一单元，第二次浏览，会看到单元内容还有一个导语页。然后我们就会获得一个初步判断——单元学习要聚焦的主题领域属于"人与自然"，学科关键概念是"联想与想象"。再初步确认一下选文主题和内容、习作等是不是与导语页一致。

第二个层次：梳理。

要梳理得清晰明白，最好使用思维导图或表格工具，并留下"作业"，为进一步厘清"为什么"作好铺垫。如下表：

| 单元版块 | 版块内容 | 思考题或导语 | 目标价值 |
|---|---|---|---|
| 导语页 | 主题提示 | 背起行囊出发吧，去触摸山川湖海的心跳。 | |
| | 语文要素 | ◎阅读时能从所读的内容想开去。<br>◎习作时发挥想象，把重点部分写得详细一些。 | |
| 课文 | 《草原》 | ◎朗读课文，想象草原迷人的景色，读出自己的感受。背诵第1自然段。<br>◎读下面的句子，回答括号里的问题。再从课文中找出其他类似的句子，读一读，抄一抄。<br>那些小丘的线条是那么柔美，就像只用绿色渲染，不用墨线勾勒的中国画那样，到处翠色欲流，轻轻流入云际。这种境界，既使人惊叹，又叫人舒服，既愿久立四望，又想坐下低吟一首奇丽的小诗。<br>（哪句是直接写草原景色的？哪句写了作者的感受？在写景中融入感受有什么好处？）<br>◎"蒙汉情深何忍别，天涯碧草话斜阳"，你从课文哪些地方体会到了"蒙汉情深"？生活中你也有过与人惜别的经历吧。和同学交流。 | |

续表

| 单元版块 | 版块内容 | 思考题或导语 | 目标价值 |
|---|---|---|---|
| 课文 | 《丁香结》 | ◎朗读课文。说说作者是从哪几个方面描写丁香的。<br>◎读下面的句子，联系上下文回答括号里的问题。<br>◇每到春来，伏案时抬头便看见檐前积雪。雪色映进窗来，香气直透毫端。<br>（这里的"积雪"指什么？你是从哪里看出来的？）<br>◇在细雨迷蒙中，着了水滴的丁香格外妩媚。花墙边两株紫色的，如同印象派的画，线条模糊了，直向窗前的莹白渗过来。让人觉得，丁香确实该和微雨连在一起。<br>（雨中丁香具有怎样的特点？想象一下这幅画面。作者为什么说"丁香确实该和微雨连在一起"？）<br>◎丁香结引发了作者对人生怎样的思考？结合生活实际，谈谈你的理解。 | |
| | 《古诗词三首》 | ◎有感情地朗读课文。背诵课文。默写《西江月·夜行黄沙道中》。<br>◎《宿建德江》《西江月·夜行黄沙道中》都写了月夜的景色，表达的情感却不一样，结合诗句说一说。<br>◎《六月二十七日望湖楼醉书》每一句诗都是一幅画，说说你"看"到了怎样的画面。 | |
| | 《花之歌》 | 朗读课文。想想从哪些地方可以看出"我"是花，再找出课文和"阅读链接"中想象奇特的地方，和同学交流。 | |
| 习作 | 变形记 | 发挥想象，把你"变形"后的经历写下来，注意把重点部分写详细一些。 | |
| 语文园地 | 交流平台 | 阅读的时候能想开去，不仅可以深化对课文内容的理解，而且可以活跃思想，激发创造力。我们应该在这方面多下功夫。 | |
| | 词句段运用 | ◎读一读，体会下面句子的特点，说说这样写的好处。<br>◎读下面的句子，再说说分号的用法。<br>◎你注意过路牌吗？我们可以借助拼音认识地名。 | |
| | 日积月累 | 《过故人庄》 | |

梳理要聚焦的是每项学习内容要求学生"做什么",其中既蕴含了学习的策略,也蕴含了学习的目标,所以教师要把目光投向"题目"。表格梳理的目的,是为进一步厘清"为什么"作铺垫和准备。

## 二、四个步骤,理清楚"为什么"

理解一个教材单元"为什么",要经历一个细致解读的过程。这个过程一般遵循这样的线索路径:大致了解—逐项分析—整体把握—确认价值,让单元学习目标真正被看清楚看明白。

大致了解,借助教材导语页。统编版教材双线组元,导语页就是明确此一单元在双线上的具体定位。"背起行囊出发吧,去触摸山川湖海的心跳"揭示了人文主题,表达很诗意,但欠概括和直接。诗意,于学生而言,读得懂,就有激发学习期待的作用;读不懂,就没有多大价值。概括和直接,学生大致明白,教师也大致清楚,例如本单元,人文主题是"触摸自然"——选文是与自然有关的文本。但最好的选择,应该是用一段话来描述和说明,这样更清楚主题所指,甚至还能初步创设学习情境。"触摸自然",是实用性的说明文,还是文学性的诗歌散文,只有读过选文才清楚。

"阅读时能从所读的内容想开去。""习作时发挥想象,把重点部分写得详细一些。"这两句话,是单元读写训练要素。实际上,从两句话的表达来看,是对技能目标和预期结果的描述。"阅读时能从所读的内容想开去","想开去"就是会进行联想和想象。"习作时发挥想象,把重点部分写得详细一些",想象是把重点部分写详细的一种表达策略。

从教材导语页可以大致了解,这个单元是用"触摸自然"主题下的诗歌散文来学习如何在读写时运用联想和想象的。从学习内容和目标定位可以作出初步判断,在课程内容上本单元主要属于"文学阅读与创意表达"学习任务群。

第二步,逐项分析,要研读导语页后各版块内容。可以借助下面的表格(见下页),完善"目标价值"的分析与判断。

| 单元版块 | 版块内容 | 思考题或导语 | 目标价值 |
|---|---|---|---|
| 导语页 | 主题提示 | 背起行囊出发吧，去触摸山川湖海的心跳。 | 理解自然对人的化育和启示：自然是人类的家园，是人类情感和智慧的源泉。 |
| | 语文要素 | ◎阅读时能从所读的内容想开去。<br>◎习作时发挥想象，把重点部分写得详细一些。 | 在读写实践中体验联想和想象的重要作用，学会在读写时自觉运用联想和想象。 |
| 课文 | 《草原》 | ◎朗读课文，想象草原迷人的景色，读出自己的感受。背诵第1自然段。<br>◎读下面的句子，回答括号里的问题。再从课文中找出其他类似的句子，读一读，抄一抄。<br>那些小丘的线条是那么柔美，就像只用绿色渲染，不用墨线勾勒的中国画那样，到处翠色欲流，轻轻流入云际。这种境界，既使人惊叹，又叫人舒服，既愿久立四望，又想坐下低吟一首奇丽的小诗。<br>（哪句是直接写草原景色的？哪句写了作者的感受？在写景中融入感受有什么好处？）<br>◎"蒙汉情深何忍别，天涯碧草话斜阳"，你从课文哪些地方体会到了"蒙汉情深"？生活中你也有过与人惜别的经历吧。和同学交流。 | ◎边读边想象，运用图像化策略入景入情，体验文字的形象美和表现力；能读出自己的感受，有两个层次，一是文字描绘的景色本身带来的体验，二是由此景联想到自己类似的经验。后者从"读进去"到"想开去"，体验更加深切，丰富语言积累。<br>◎一切景语皆情语——触景生情，融情于景还不够，一定要在描绘景色后酣畅地直接表达感受，说明这景色太迷人了，深深吸引并触动了作者的心。读、品、抄，动口、动脑、动手，领会并积累表达思维和语言。触景生情是一种直觉体验，敏锐地捕捉这种体验，并准确地表达出来，需要审美和语言经验的不断丰富。学习时，可以再往前走一步——运用联结策略，想开去，自己有没有过触景生情的经历，像老舍先生这样写下来。<br>◎"从课文哪些地方……"不仅仅是提取信息，也是对信息的理解性判断。"生活中你也有过……"这是运用联想，即联结策略作出的直接迁移。联结迁移是"想开去"的一种具体表现形式。 |

续 表

| 单元版块 | 版块内容 | 思考题或导语 | 目标价值 |
|---|---|---|---|
| 课文 | 《丁香结》 | ◎朗读课文。说说作者是从哪几个方面描写丁香的。<br>◎读下面的句子，联系上下文回答括号里的问题。<br>◇每到春天，伏案时抬头便看见檐前积雪。雪色映进窗来，香气直透毫端。（这里的"积雪"指什么？你是从哪里看出来的？）<br>◇在细雨迷蒙中，着了水滴的丁香格外妩媚。花墙边两株紫色的，如同印象派的画，线条模糊了，直向窗前的莹白渗过来。让人觉得，丁香确实该和微雨连在一起。（雨中丁香具有怎样的特点？想象一下这幅画面。作者为什么说"丁香确实该和微雨连在一起"？）<br>◎丁香结引发了作者对人生怎样思考？结合生活实际，谈谈你的理解。 | ◎"从哪几个方面"，不仅是提取信息，罗列要点，还要梳理层次和关系，这样才能初步领会作者的表达思路和逻辑——怎样一步步"想开去"。<br>◎联系上下文，是学生早就熟悉的阅读方法，这里的重点是从问题的思考和答案中，领会作者是怎样把联想和想象不着痕迹地融进语言表达的。比喻也好，拟人也好，很多修辞都是思维方式的体现，联想与想象是常用的方式。<br>◎从作者的联想到自己的理解，也就是从作者的"想开去"到自己的"想开去"。这是一个需要拓宽思路的话题，对于学生的"结合生活实际"来说，"丁香结"是一个引子，学生需要触类旁通，迁移联想类似的由形象到意象的例子。强调"生活"实际，就是要把联想聚焦在生活中的"触物生情"上；然后，就可以拓展开去，有意识地积累文学作品中的意象。 |
| | 《古诗词三首》 | ◎有感情地朗读课文。背诵课文。默写《西江月·夜行黄沙道中》。<br>◎《宿建德江》《西江月·夜行黄沙道中》都写了月夜的景色，表达的情感却不一样，结合诗句说一说。<br>◎《六月二十七日望湖楼醉书》每一句诗都是一幅画，说说你"看"到了怎样的画面。 | ◎理解了才能读出感情。在"有感情"的基础上背诵，就是理解性积累。默写的过程，是深化理解和体验的过程。<br>◎有触景生情，也有以情观景。以情观景，不同的心境和情感，让同样的景物着上不同的色彩，演化出不同的情状。作者心境影响着对景物的联想。<br>◎"看"，要运用图像化策略。同时用眼用脑用心"看"，还会看出自己的感受，不知不觉想开去。 |

续 表

| 单元版块 | 版块内容 | 思考题或导语 | 目标价值 |
|---|---|---|---|
| 课文 | 《花之歌》 | 朗读课文。想想从哪些地方可以看出"我"是花，再找出课文和"阅读链接"中想象奇特的地方，和同学交流。 | 作者将"我"置身于大时空中，又以不同的视角观"我"，表达"我"，诠释"我"。这是联想和想象创造的奇特诗意诗境。这样的文字，读明白了，就能够启发学生的思维，激发学生的创造欲望，让学生积极主动地放飞想象。 |
| 习作 | 变形记 | 发挥想象，把你"变形"后的经历写下来，注意把重点部分写详细一些。 | 阅读中体会联想与想象的无穷魅力，又不断与自己的经验建立联结，表达的种子早已种下，写作就是顺应了发芽、开花、结果的需要。从阅读到表达、迁移、创造，多维度体验和理解联想与想象在读写中的价值。 |
| 语文园地 | 交流平台 | 阅读的时候能想开去，不仅可以深化对课文内容的理解，而且可以活跃思想，激发创造力。我们应该在这方面多下功夫。 | 交流平台起着梳理总结和鼓励实践，进一步建构读写体验的作用。知识的结构化，需要一个梳理、实践体验和澄清的过程。 |
| 语文园地 | 词句段运用 | ◎读一读，体会下面句子的特点，说说这样写的好处。<br>◎读下面的句子，再说说分号的用法。<br>◎你注意过路牌吗？我们可以借助拼音认识地名。 | 这是排比手法的体会。排比的好处要从语言的声音节奏、思维的流畅性和视角的多维度关联、情感表达的浓度等方面来体会。<br>分号用法要从具体的语言表达形式中领会、理解，体会其揭示的分句之间的结构关系和意义联系。<br>表达时，联想与想象越丰富，使用排比手法和分号的需要就越多。<br>从大量路牌上的拼音中发现拼写规则，并迁移。 |
| 语文园地 | 日积月累 | 《过故人庄》 | 叙事，白描，朴素的真情，自然熏陶着人情，美好得让人沉醉。这是单元人文主题的延伸。 |

只有明了每一项学习内容的编排意图，才能用好它们，发挥它们应该发挥的学习价值。但是，每一项内容作为单元整体的一个组成部分，如果不能进一步发现、厘清它们之间的关联性、层次性，不能让它们整合成一个系统单元，在每一项上下的功夫再多，也不能帮助学生实现对知识和技能的结构化理解，更谈不上抵达深度理解乃至概念性理解，所谓举一反三，迁移创造，也就无从着落。

第三步，要从两个层次整体上系统把握单元的定位和功能。整体系统把握一个单元，既要立足单元本身，也要联系"过去"和"未来"。

联系"过去"和"未来"，也就是从整个小学甚至义务教育阶段语文课程相关目标要求来观照单元目标定位。首先是对照新课标相关的目标要求来理解，再就是要梳理一下，以"联想与想象"（即联结与图像化策略）学习和运用为主要课程内容的教材单元有哪些，它们之间是否形成一条知识和技能发展的进阶线索。通常我们需要至少将统编版小学语文教材通览一遍，梳理出相关的单元语文要素来。首先从读的角度来梳理：

| 册　序 | 单　元 | 阅读训练要素 |
| --- | --- | --- |
| 二上 | 第七单元 | 展开想象，获得初步的情感体验。 |
| 二下 | 第二单元 | 读句子，想象画面。试着有感情地朗读课文。 |
| 二下 | 第四单元 | 根据课文有关的情境，运用学到的词语把想象的内容写下来。 |
| 二下 | 第八单元 | 根据课文内容展开想象。 |
| 三上 | 第三单元 | 感受童话丰富的想象。 |
| 三下 | 第一单元 | 一边读一边想象画面，体会优美生动的语句。 |
| 三下 | 第五单元 | 走进想象的世界，感受想象的神奇。 |
| 四上 | 第一单元 | 边读边想象画面，感受自然之美。 |
| 六上 | 第一单元 | 阅读时，能从所读的内容想开去。 |
| 六上 | 第七单元 | 借助语言文字展开想象，体会艺术之美。 |

从上面的表格中可以看出，就"联想和想象"这一语要素点，从低学段就已经有了相关涉及，而且贯穿小学语文教学的全学段。一二年级，我们

要有意识地培养学生的想象力，激发学生产生想象的愿望。从阅读文本上来看，这一阶段的学生需要根据文字，想象出文字中的内容和画面，即借助想象这一工具，来把握文本的主要内容，并能够有一定的语言输出，如用"……像……，……像……一样"等类似的内容，表达出自己想象的内容。三四年级的学生，则从故事出发，通过阅读相关的童话等想象力丰富的文本，去感受想象世界的神奇，进一步培养自己的想象力与想象愿望。同时，对于文本的关注由主要内容转移到具体的词句，根据词句想象文字所描述的画面，体会表达上的生动与形象。五六年级，学生在经过先前大量文本阅读的基础上，已经具备了一定的想象力与联想经验。落脚到本单元，在进行文本阅读时，不仅要想象出文字描绘的画面，还要进一步"想开去"，联结经验，联结生活实际，体会文字形象中所蕴含的情感与哲理。纵观小学语文教学的全学段，有关"想象与联想"的语文要素安排，遵循了循序渐进的原则。这与新课标每个"学段要求"中关于"联想与想象"的进阶性学习要求是一致的，主要表现在"阅读与鉴赏"这一实践领域里。

同样，也需要这样从写的角度来梳理：

| 册　序 | 单元 | 表达训练要素 |
| --- | --- | --- |
| 二上 | 第七单元 | 观察图片，展开想象，续编故事。 |
| 二下 | 第二单元 | 仿照例句，展开想象，把自己喜欢的景物写下来。 |
| 二下 | 第四单元 | 根据提示看图发挥想象，借助词语按时间顺序把小动物们一天的经历写下来。 |
| 三下 | 第五单元 | 发挥想象写故事，创造自己的想象世界。 |
| 三下 | 第八单元 | 根据提示，展开想象，尝试编童话故事。 |
| 四上 | 第四单元 | 展开想象，写一个故事。 |
| 四下 | 第八单元 | 按自己的想法新编故事。 |
| 六上 | 第一单元 | 习作时发挥想象，把重点部分写得详细一些。 |
| 六上 | 第三单元 | 发挥想象，创编生活故事。 |
| 六下 | 第五单元 | 展开想象，学写科幻故事。 |

从上表中可见，基于想象力的习作训练从小学低段到小学高段都有涉及。低年级，学生需要借助图片、例句等形式，展开想象，即基于一定的图文材料，进行想象创编。三四年级，学生开始基于阅读文本，如童话、神话等极富想象力色彩的作品，迁移运用，发挥创造力，进行想象故事的创编。到了小学高段，联想与想象在习作中的运用角度更加丰富，在细节上有了更多的要求。这与新课标每个"学段要求"中关于"联想与想象"的进阶性学习要求是一致的，主要表现在"表达与交流"这一实践领域里。落实到本单元，主要是用联想和想象来丰富细节，让描述更具体生动，意图表达得更清晰明确。

立足于单元本身的整体意识，就是要厘清单元内各项内容之间，在目标统领下的关联性和层次性，也就是它们是如何系统地发挥学习价值的——如果是读写结合的单元，阅读与表达之间的关系需要进行一体化认识。

就具体的读写目标落实而言，单元内相关内容之间，往往存在着两种联系——并列和递进。

在阅读训练目标的落实上，这个单元各项学习内容之间在方法习得方面，是并列关系；在能力发展方面，是递进关系。《草原》重点是学习"联系生活经验"想开去；《丁香结》主要是学习从此一物象的象征意义联想到其他物象-意象；《古诗词三首》要通过想象入境悟情，在《草原》阅读的基础上进一步感受融情于景、情景交融，也在《丁香结》的基础上进一步理解诗文中的意象；《花之歌》是一次联想与想象的盛宴，为学生打开了一个更具创造力的想象之门，挑战也是最大的。

这是一个比较典型的读写结合单元。联想与想象，是读的策略，也是写的策略。教材对写的定位，既希望学生能将从课文阅读中习得的联想与想象策略在表达中迁移运用，又考虑到学生在表达经验和能力上的力有不逮——指的是像课文那样自自然然地运用联想和想象，实现笔下物象到意象的自然发展和匠心创意，所以才以"变形"为想象的"触发器"，让学生在游戏的轻松心态下，进行创意表达。"变形"之想象，是《花之歌》的启发；而发挥想象，把重点部分写详细一些，则需要借助《草原》《丁香结》汲取营养。

这是一个需要精心设计安排的创意表达，"读者"被自己的想象所吸引甚至折服，才算是一次成功的创作。

"语文园地"中的交流平台，最好是在学习了《草原》《丁香结》之后，用来小结和梳理聚焦联想和想象的阅读体验；词句段运用的一、二题，虽是排比手法和分号的理解和运用，但其内容和表达效果与单元联想和想象关系密切，可在相关课文阅读学习时渗透并让学生尝试实践运用，"变形记"创意表达时，可作为一个挑战目标或加分项。

至此，对"为什么"的解读，似乎已经分析得足够透彻了。但是，若是做这样的追问呢——为什么要重视联想和想象策略的学习和运用？学习这个单元，知识和技能目标如此定位，是希望帮助学生针对联想和想象的运用建立起什么样的认知观念？前面的三步都没能给出答案。这就需要再进一步，即第四步，对单元语言知识和技能学习定位进行价值确认。

阅读时为什么要"想开去"？写作时为什么要积极联想，发挥想象？人们阅读时，能够从作者的语言文字中读出属于自己的理解和感受，那是因为从文章具体表达中联想到了自己的相关经验。作者、文本和读者经验的对话互动能否拥有丰富的角度，能否抵达更大的深度，主要看读者能积极主动地激活多少相关经验，能想得多宽多远。例如，阅读《丁香结》，即使一个不熟悉丁香的读者，如果在过往的阅读中积淀了丰富的意象知识，能够联想到菊花、梅花、杨柳、流水、月亮等意象，自然就能在思维方式和情感体验上与作者和文本产生很强的共鸣；如果一个读者家里栽种了很多丁香树，但是从来没有观察欣赏过，没有任何审美感觉，对松竹梅兰等任何意象都没有半点概念，"联想"始终处于沉睡状态，阅读也就味同嚼蜡，收获寥寥了。写作亦是如此。对所写事物思考更多，了解更多，事物特点与作者经验的联结维度越丰富，作者从事物特点出发联想到的就越丰富，想象也就能够获得强有力的翅膀，表达时的读者意识就能够自如地渗透在语言文字中。简言之，读写对话首先是在主体经验范围内发生的。联想与想象，是激活经验的思维活动，也是建构新经验的思维路径。

"阅读的时候能想开去，不仅可以深化对课文内容的理解，而且可以活跃思想，激发创造力。"交流平台中的这句话，就清晰地揭示了联想与想象在阅读中的重要价值。如果要同时阐明写作表达中联想与想象的重要性，或许这句话可以调整为：运用合适的阅读和表达策略（联结和想象）可以促进对文本的理解或丰富表达内容和角度，突出表达意图。这就是一个学科"大概念"。

确认了单元学习的目标价值，也就厘清了单元学习需要学生持久理解的、具有解释力和强大迁移力的核心观念。这也是单元学习需要抵达的、比知识和技能本身更具深度的目标。

## 第二节　学习任务群归属判断的意义与实践

### 一、学习任务群归属判断的意义

有层次有逻辑地细致深入解读一个单元里有什么和为什么，目的是为了在理解单元内容结构和厘清学习价值的基础上，为接下来指向学习实践的教学设计和实施奠定基础。

新课标以学习任务群的方式组织和呈现课程内容，指出在教学实施时，教师要"体现语文学习任务群特点，整体规划学习内容"，具体表述为："教师要明确学习任务群的定位和功能，准确理解每个学习任务群的学习内容和教学提示。在此基础上，综合考虑教材内容和学生情况，设计不同类型的学习任务，依托学习任务整合学习情境、学习内容、学习方法和学习资源，安排连贯的语文实践活动。注重语文与生活的结合，注重听说读写的内在联系，追求语言、知识、技能和思想情感、文化修养等多方面、多层次发展的综合效应。"这段话就如何组织和实施单元教学，对教师提出的"新"要求就是在"准确理解每个学习任务群的学习内容和教学提示"的基础上,"综合考虑教材内容和学生情况,设计不同类型的学习任务"。简单直接地说,就是要求教师要成为"学习任务设计师"。任务驱动,正是大单元教学的基本特征之一;"追求语言、知识、技能和思想情感、文化修养等多方面、多层次发展的综合效应",既追求核心素养的发展和概念性理解,也是大单元教学的基本特征之一。对一个单元的学习任务群基本归属作出科学判断,是教师在大单元理念下设计适切学习任务的指引和保障。

例如,如果一个教材单元或自主开发的主题单元,主要属于"文学阅读与创意表达"学习任务群,就可以设计为"诵读"表现、"复述情节"表现、"创意表达"作品、"鉴赏品味"分享等类型的学习任务;如果主要属于"实用性阅读与交流"学习任务群,学习任务主要可以设计为"介绍说明"作品、"复述方法或特点"表现、"实用性文体"作品等;如果主要属于"整本书阅读"学习任务群,可以设计"综合探究""角色体验""书评分享""表达迁移""理解创造"等类型的学习任务。

## 二、如何判断单元的学习任务群归属

如果是自主开发的主题大单元,可能教师在进行课程内容选择和组织之前,就已经从学习任务群的角度作了考量和设计。但是,如果我们依托并没有从编者角度明确的学习任务群归属的教材单元,那就需要对其学习任务群归属作出科学、准确的判断。那么,如何判断一个教材单元属于哪个(或不止一个)学习任务群呢?

新课标中的三个层次六大学习任务群,每一个都有明确的功能和定位,并在基本功能和定位的基础上,分学段描述了学习任务群下的"学习内容",整体给出了学习任务群的"教学提示"。

"学习内容"明确了具体学习任务群各学段学什么和用什么学。例如,"实用性阅读与交流"学习任务群第一学段"学习内容"第一条是这样叙述的:"阅读有关个人生活、家庭生活的短文,认识图文中相关的汉字,感受美好亲情；学习运用文明礼貌语言，与家庭成员、亲朋好友交流沟通，学会感恩。"其中，"阅读有关个人生活、家庭生活的短文"，指明的就是用什么学；"认识图文中相关的汉字，感受美好亲情"，就是学什么。

"教学提示"可以分为主题情境提示、目标提示、方法提示和评价提示。例如，"实用性阅读与交流"学习任务群的"教学提示"第一条："应紧扣'实用性'特点，结合日常生活的真实情境进行教学。第一、第二学段可以围绕'我爱我家''我爱上学''文明的公共生活'等主题设计学习任务，引导学生学习日常生活语言，学会文明交往，学习表达生活。"这两句话里，就包含了主题情境提示和目标提示。第二条："学习活动可以采用朗读、复述、游戏、表演、讲故事、情景对话、现场报道等学生喜闻乐见的形式，将识字、写字、阅读、写作、口语交际、搜集处理信息等融为一体……"这是方法提示。每个学习任务群"教学提示"的最后一条，都是评价提示——这也突出了课程标准强调"教学评一体化"的理念。

教师通过分析、对比等策略，领会了不同学习任务群的"学习内容"和"教学提示"，就可以通过解读教材单元主题、内容、目标等，判断其主要属于哪个（或不止一个）学习任务群。

我们还以六年级上册第一单元为例。先来看看这个单元的主题、选文和语文要素所指向的学习目标。第一，这个单元的主题是"触摸自然"，"触摸"在这里显然是一种文学语言的表达，而不是如"探索"自然，是一种实用性的语言表达。第二，这个单元的选文（《草原》《丁香结》《古诗词三首》《花之歌》）都属于文学文本。第三，单元读写语文要素的关键词"想开去"和"联想"，都与文学阅读和表达紧密相关。这样，我们就可以初步作出判断，这个单元主要属于"文学阅读与创意表达"学习任务群。

接着，我们来看看"文学阅读与创意表达"学习任务群的功能和定位概述："本学习任务群旨在引导学生在语文实践活动中，通过整体感知、联想想象，感受文学语言和形象的独特魅力，获得个性化的审美体验；了解文学作品的基本特点，欣赏和评价语言文字作品，提高审美品位；观察、感受自然与社会，表达自己独特的体验与思考，尝试创作文学作品。"显然，这个单元无论是读写策略"联想想象"的运用，还是文本性质，都与"文学阅读与创意表达"学习任务群的功能和定位是契合的。

再来看看"文学阅读与创意表达"学习任务群第三学段的学习内容。第三学段第二条："阅读表现人与自然的诗歌、散文等优秀文学作品，感受大自然的奇妙，体会人与自然和谐相处的意义；用口头或者书面的方式表达对自然的观察与体验，抒发自己的情感。"这个单元在学习内容上，也与这一条匹配。

分析到这儿，就可以很确定地作出判断，这个单元在课程内容上属于"文学阅读与创意表达"学习任务群。所以，就可以参照"文学阅读与创意表达"学习任务群的教学提示，"综合考虑教材内容和学生情况，设计不同类型的学习任务，依托学习任务整合学习情境、学习内容、学习方法和学习资源，安排连贯的语文实践活动"。

第三讲

# KUD 目标梳理与大概念提炼

## 第一节
## KUD 目标的梳理与表述

### 一、什么是 KUD 目标

大单元整体教学解读时通过四个步骤，厘清单元"为什么"，也就是让单元学习目标和价值被发现，在教师的理解中清晰起来。要进一步澄清单元学习目标，并体现出不同层次和维度学习目标之间的关系，以利于确定合适的评价证据，为学习过程和体验的设计导航和奠基，就要对学习目标作进一步的梳理和表述。

多年来，小学语文学习目标的表述，无论是单元的，还是课时的，通常都分三个维度或层次：一是常规性目标，如字词学习、积累和朗读等；二是读写重点目标，也就是大家常说的"一课一得"目标；三是思想情感和价值观目标。这种梳理和表述方式的优点是从教者角度感觉层次清楚，重点明确，符合以往课程标准的目标维度，缺点是学习者并不能从目标表述中弄明白自己到底应该关注哪些学习内容和应该做些什么、做成什么。久而久之，这种目标表述还会催生理解和行动上的惰性，因为教师不用进行深入解读和思考，就能套用手头现成资料，轻轻松松"制定"出单元或课时学习目标——结果，教学实施时，往往很多设计和活动并不是来自目标导向和为目标落实服务的。

一个单元的学习，要促成学生的概念性深度理解，不仅应该让学生对单元所涉及的知识形成结构化理解，还应该帮助学生对解决问题所需技能形成结构化理解。这就要求教师在进行学习目标梳理和表述时，要考虑到尽可能体现出知识目标和技能目标内部的关联性和相互之间的关联性。

实践证明，KUD目标表述模式，是一个很好的选择。什么是KUD目标呢？《十大教学模式》（托马斯·H·埃斯蒂斯、苏珊·L·明茨著，华东师范大学出版社）一书对KUD目标作了比较全面的介绍和阐释。"教学目标可以用如下方式表述：学生将会知道（know）什么、理解（understand）什么、能够做（do）什么，统称为KUD目标。该模式是课程、教学和评估做出决策的基础。用该方法设计教学目标，可以帮助我们确保教学目标、教学评估、教学策略的一致性。我们能够清晰评估教学是否明确符合教学目标，教学目标为单元或课程教学划定了明确的界限。这意味着，教学目标确定了课堂中应该发生什么。教学目标列表，同样为后续的教学与评估提供了一种预览，这两项工作的内容直接紧扣教学目标，这种课程教学方法叫作'逆向教学设计'（backward design，Wiggins&Mc-Tighe，2005）。逆向教学设计，帮助我们以结果为导向，开始思考教学，首先明确教学目标的细节，即我们希望完成所有教学步骤后学生将会知道什么、理解什么、能够做什么。"书中用一个示意图展示了学习目标的三种不同形式之间的关系：

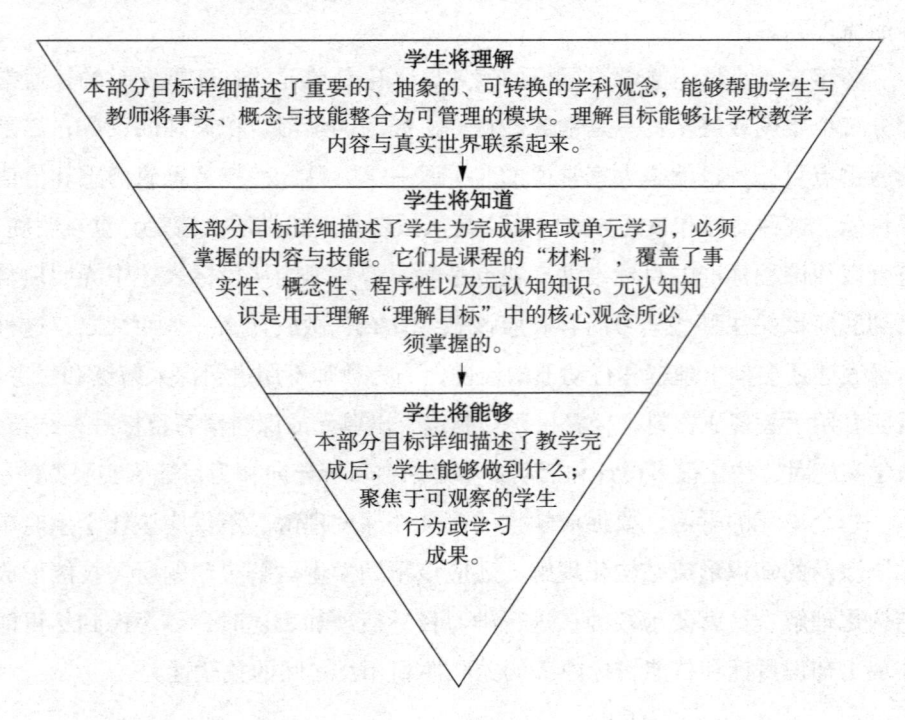

**学生将理解**
本部分目标详细描述了重要的、抽象的、可转换的学科观念，能够帮助学生与教师将事实、概念与技能整合为可管理的模块。理解目标能够让学校教学内容与真实世界联系起来。

**学生将知道**
本部分目标详细描述了学生为完成课程或单元学习，必须掌握的内容与技能。它们是课程的"材料"，覆盖了事实性、概念性、程序性以及元认知知识。元认知知识是用于理解"理解目标"中的核心观念所必须掌握的。

**学生将能够**
本部分目标详细描述了教学完成后，学生能够做到什么；聚焦于可观察的学生行为或学习成果。

下面我们以统编版教材一个单元的KUD目标梳理为例，对KUD目标的特点作进一步探讨。

统编版六年级上册第六单元主要属于"思辨性阅读与表达"学习任务群，单元阅读训练要素是"抓住关键语句，把握文章的主要观点"，表达训练要素是"学写倡议书"。单元选编了四篇课文，分属四种文体。《古诗三首》是古诗，《只有一个地球》是论说文，《青山不老》是叙事写人的散文，《三黑和土地》是现代诗。

学生将知道（K）：

（1）大地是人类的家园。

（2）关键句的判断和价值——可以概括表达主要意思和观点。

（3）倡议书是一种通过表达团体或个人想法，希望得到大家的支持并一起去行动的应用文体；一份好的倡议书既能以理服人，又能以情动人。

学生将理解（U）：

（1）人与自然是相互依存的，保护环境就是保护我们自己。

（2）明确清晰、有理有据的观点表达，才有说服力。

学生将能做（D）：

（1）结合课文阅读和思考，分享自己对人与大地、人与自然关系的认识。

（2）抓住关键句，把握并准确表述出文章的主要观点。

（3）说出文章是怎样逐层推进，一步步得出最后结论的。

（4）写一份以理服人、以情动人的保护环境倡议书，表达观点时灵活运用关键句。

在KUD目标中，聚焦的是单元重点读写目标（也关注了人文目标），同时揭示了单元学习体验设计和评估的重点。在K中，"一份好的倡议书既能以理服人，又能以情动人"，是一个元认知知识。学生拥有了这一元认知知识，对"明确清晰、有理有据的观点表达，才有说服力"所表达的观念就能理解得更透彻，这样也就能促进学生努力写出一份"好"倡议书。"关键句"的"知道""理解"和"能够做"，以"观点"表达和理解为凝聚点，将三种目标形式进行有层次有逻辑的关联，确保相关知识、技能的学习运用在读写实践中促成对相关观念的理解。

对照可以发现，KUD目标中的三种目标形式，实际上是一个整体性学习目标在三个层次（知识、技能和理解）上的分解和表述，"三位一体"，为深度理解和迁移运用奠定坚实的基础，为评估明确了标准和依据，为课堂上应该发生什么指明了方向，作出了预设，为单元各版块学习内容如何选择、定位和运用给出了指引。

大家熟悉的三维目标表述与KUD目标有怎样的区别呢？同样是六年级上册第六单元，三维目标的表述如下：

（1）通过阅读反映人与大地关系的主题诗文，感受人与大地的相互依存，激发保护环境、珍爱地球的思想情感。

（2）通过抓住关键句，把握文章的主要观点。

（3）了解倡议书的格式，针对自己关心的问题撰写一份倡议书。

这里的第二、三条目标，是单元重点学习目标。第二条是方法技能目标，第三条中的"了解"是知识目标，"撰写一份倡议书"是"产品"目标，技能目标是隐含着的——如果不加以揭示，便是缺位的。而且，这两条目标都是以知识、技能的学习运用为终点的，与追求理解没有什么关系，更谈不上追求深度理解。目标的达成，几乎仅仅是为了服务于这一单元学习本身，而不是通过单元学习获得对相关知识和技能的理解，并促成迁移能力的形成。从评估角度来看，这样的目标表述，让评估的标准模糊不清，评估很难找到立足点，教学评一体化就失去了基本保障。

同样是"关键句"这一概念，在KUD目标中，它通过"学生将知道（K）"明确了相关概念性知识和元认知知识学习的目标要求，并在"学生将理解（U）"中，以"明确清晰"来呼应这一概念的理解和迁移，在"学生将能做（D）"中，通过学习成果来评估学生的理解和迁移，同时又可以在迁移运用中促进概念的进一步理解。而在传统的三维目标中，是找不到这种层次性的——它不能描述理解是如何通过有层次的学习体验达成的。"倡议书"这一概念，在KUD目标中，也可以看出"知道—理解—迁移—理解"的层次性，而在传统三维目标中，就只涉及了程序性知识和"产品"目标。

正如林恩·埃里克森与洛伊斯·兰宁在《以概念为本的课程与教学》中所指出的："我们建议使用KUD替代传统课程框架中的目标，因为KUD就是目标。它比传统目标更清晰、更明确，区分了知识、理念和技能，给教师提供了深入思考教学设计的信息。"

## 二、如何梳理KUD目标

KUD目标从知识、技能和深度理解、迁移运用等多层次上，为教和学提供了路径和成果导航，为"教学评一体化"奠定了基础，符合新课标的基本理念。这是大单元教学目标的梳理倾向于借助KUD目标模式的主要原因。运用KUD模式梳理表述大单元学习目标，并进一步在KUD目标基础上提炼出科学适切的教学大概念，是大单元教学设计中重要的一环。那么，针对一个具体的单元，应该如何梳理和表述KUD目标呢？

上一讲谈单元整体教学解读时，其中一个重要的目的就是通过细致深入的整体性、系统性解读，让单元"为什么"一步步清晰起来。"为什么"指向的就是单元学习目标。在单元整体教学解读时，需要通过四个步骤（大致了解—逐项分析—整体把握—价值确认），才能让"为什么"一步步清晰起来，尤其是对单元重点学习目标的确定及深度学习目标的厘清和提炼。这里的"清晰"，如果不用条理性的文字梳理表述出来，就只能属于"意会"的清晰，梳理表述出来了，才属于"言传"的清晰——可以"言传"的学习目标，才能让教师和学生都清楚一致性的"目的地"在哪里，怎么抵达"目的地"，且为下一个"目的地"的定位和抵达方式、路径提供迁移线索，真正为"教学评一致"奠定基础。

KUD目标的梳理表述，核心是清楚地表达出大单元学习中学生特定的理解、知识、技能和行为表现。万事开头难，梳理表述KUD目标，首先要考虑的是从何处切入、着手的问题。《十大教学模式》一书中的这句话既耐人寻味，又鞭辟入里："撰写学习目标并不是一个线性过程，它可以从任何地方开始，围绕着一个单元或一节课阐述，让教学目标逐渐明确。"

通常，对于很多教师来说，从学生单元学习的"产品"结果或行为表现着手，是梳理表述 KUD 目标的首要选择。例如，统编版四年级上册第三单元，要求学生在阅读时能够"体会文章准确生动的表达，感受作者连续细致的观察"，表达上能够做到"进行连续观察，学写观察日记"。这里的"行为表现"和"产品"结果，就是"连续细致的观察"和"写出观察日记"。梳理 KUD 目标，就可以先梳理表述"学生将能做（D）"：（1）指出文章中准确生动表达的内容和来自作者连续细致观察的信息；（2）在连续细致观察的基础上，撰写观察日记。接着再思考，学生需要运用哪些相关的知识、技能和理解，才能"做"出这些来。在基础知识和基本技能方面，学习需要"知道"观察的维度和方法、连续观察的目的以及怎样的表达是准确的和生动的，观察与准确生动表达的关系等。这样，"学生将知道（K）"就清楚了：（1）如何进行连续细致的观察；（2）如何记录观察到的信息；（3）观察日记和系列观察日记的联系和区别；（4）准确生动的表达能够让观察所得更加科学形象。这一大单元学习中，需要促成学生实现怎样的理解，或者什么样的理解可以帮助学生将知识、技能结构化，领会连续细致观察和准确生动表达的意义，表述出来，就是"学生将理解（U）"：（1）连续细致地观察才能发现事物的变化情况和主要特点；（2）丰富的语言积累是准确生动表达的源泉。

只要有利于 KUD 目标的梳理表述，从大单元学习的知识、技能的掌握入手，也就是从"学生将知道（K）"目标切入，同样是可以的。从"学生将理解（U）"目标入手进行梳理，结合单元整体教学解读的最后一个步骤，也是可行的选择。教师需要始终把握的要点是，KUD 目标的梳理表述，一定是围绕大单元学习中的学科关键概念（例如六年级上册第六单元的"关键句""观点"，四年级上册第三单元的"准确生动的表达""连续细致的观察"等），通常也会围绕人文主题进行学习目标的梳理表述，以彰显学科的育人价值和素养为本的教学追求。

## 第二节
## 大概念的理解和提炼策略

### 一、什么是大概念

大概念承载的是一种教学理念和追求。

大单元教学与以往的单元教学、单元整体教学最大的区别是什么呢？一是任务驱动，二是追求大概念理解。任务驱动是学习方式问题，大概念属于学习目标的理解、定位和追求。大概念所揭示的课程和教学目标，与以往的单元教学、单元整体教学比较，是真正追求理解的课程和教学目标，而不仅仅是指向知识和技能层面的。

大家所熟悉的三维目标，即知识与技能、方法与过程、情感态度与价值观，实际上是从广度上来划分的，而不是层次性和深度上的划分。核心素养时代，迫切需要的是高阶概念性思维，这种思维要求学习者达到和拥有：通过可迁移的概念和概念性理解发现新旧知识之间的模式和联系的能力；将知识分类储存到头脑的概念图式中以便更为有效地处理信息的能力；跨文化、跨时间、跨情境迁移概念和概念性理解的能力。

举个例子。在统编版小学语文教材中，从第一学段到第三学段，有多个单元的语文要素指向的学习目标，都是关于"复述"的——从二年级到五年级，一共有大概七个单元都聚焦"复述"方法运用和实践练习。复述需要一定的方法和策略，这些单元为学生提供了不同的支架，帮助学生梳理和把握课文内容信息，助力学生练习复述，从而不断提高学生复述的能力和水平。这样的编排意图是明确的，但是，学生经历了这些分散在四个学年中的单元学习后，对复述的意义和价值真的能够深刻领会，复述的能力和水平真的能够一次比一次得到提升吗？如果没有一个能够统领这些单元学习的观念性认知被学生所理解和内化，答案就可能是否定的。

如果学习者从来就不思考所学知识和技能的本质意义和迁移价值，那么，再多的知识和技能，都是与独立思考和创造力没有联系的死知识和机械技能。这就如同样是学习一门手艺，有的人学得很认真，一招一式一板一眼都从师傅那里学会了，但所拥有的本领，仅仅是会复制而已；而有的人会主动去思考技艺背后的观念和原理，进而突破术的束缚，成为继承基础上的创新者。同样，师傅也有类似的区别，高明的师傅不仅仅传授"术"，还会启发徒弟追索"道"，努力帮助徒弟学会融会贯通，迁移创造。大概念，就相当于手艺背后的"道"。

仅仅学会了复述需要的方法和策略，即使在具体单元的学习过程中，学生有很不错的复述表现，如果学生并不清楚为什么要学习复述，也不明白方法和策略的价值和意义，"理解"的缺位，必然会导致能力与素养总是隔着一道鸿沟，时过境迁，能力也退化不再了。如此看来，学习目标的定位，必须从知识和技能层面，再往深处走，直至需要和值得学生"持久理解"的那一层，也就是直指学科本质和核心的内容和认知观念。以"复述"这一知识和技能为例，必须让学生通过学习体验抵达这样的理解：复述可以促进记忆和理解，运用与文本内容、结构相契合的支架可以帮助我们把握文本主要内容信息，提高复述的质量和效果。

"复述可以促进记忆和理解，运用与文本内容、结构相契合的支架可以帮助我们把握文本主要内容信息，提高复述的质量和效果。"这句话，就是一个关于复述的学科大概念。显然，只有在相关单元的学习中，持续渗透并促进学生逐步实现这样的概念性理解，学生才会以积极自主的姿态理解复述，学会复述，灵活运用复述来促进自己对文本的记忆和理解。并且，时过境迁，要复述的不再是故事类文本了，甚至是数理化的内容，学生也能根据需要进行高效的复述。

那么，到底什么是大概念呢？

大概念，是一个翻译词汇，英语为"big idea"，所以有的也翻译为"大观念"，但更多使用"大概念"这一称谓。《追求理解的教学设计》（格兰特·威金斯、杰伊·麦克泰格著）一书对什么是大概念以及学科教学为什么要将追求大概念的理解作为深度学习目标，作了比较细致的探讨。书中认为，大概念是指向理解的，可以帮助学生将各个知识点联系起来，实现知识的结构化理解；对于教师的教学来说，大概念是一个"得力助手"，有助于教师将单元相关知识和技能进行整合。书中将大概念比喻成"车辖"，车辖作为一种重要配件，能将车轮固定在车轴上，没有车辖，车子就会散架——不聚焦大概念的发现和理解，所学知识和技能也是零散的、无用的。大概念能够将相关的知识、技能、思想和概念建立起联系，以利于知识和过程的结构化，从而抵达可迁移的理解——可迁移的理解，才是真正的深度理解。

《以概念为本的课程与教学》一书中，从"知识的结构"和"过程的结构"两个角度来讨论主题/过程、事实/策略技能、概念、概括与原理之间的关系，其中的"概括"就相当于"大概念"。"概括是表述两个或两个以上的概念之间关系的句子。它们是跨时间、跨文化、跨情境可迁移的理解。"书中谈到"概念为本的教学备课"时，提出："在撰写概念为本的教学计划时，各个组成要素之间必须相互关联。"对这句话的阐释是这样的——

- 事实性内容和技能能够例证需要学生实现的概括（概念性理解）；
- 引导性问题帮助学生从事实性的知识（或实例）过渡到概括（概念层次上的理解）；
- 学习体验（学生作业）旨在支持学生学习例证其概念性理解的知识和/或过程；
- 评估应当针对确定的学习目标：该时段课程的知识、技能和理解。

《以概念为本的课程与教学》中举了很多"概括"例子，如英语语言艺术"反复传诵的故事"单元的概括是："通过人物的冒险、环境、遇到的问题和解决方法，人们可以重新叙述这些熟悉的故事。"其中包含的概念有"熟悉的故事、叙事技巧、角色、重要观念和顺序"等。

再来看看《设计与运用表现性任务》（特雷西·K·希尔著）一书中关于 KUD 目标的讨论。在阐述了 K（知道）和 D（会做）后，重点讨论了 U（理解）。书中写道："我将 KUD 的'理解'（understand）部分留到最后，是因为学生为了达成理解必须拥有知识和技能。有许多短语可以用来帮助教师更好地领悟理解的意思。理解被认为是重要的或持久的领悟、'大概念'、概括以及概念性理解。"书中以三年级讲述故事（包括寓言、民间故事和来自不同文化的神话）单元为例，要学习的是确定中心思想、教训或寓意并解释它是如何通过文本的关键细节来表达的，那么，"理解"就要指向：创作故事是为了传达关键信息；作者叙述细节来清楚地传达关键信息；故事是用一个关键信息和若干支持信息来创作的。书中认为"理解"指向的就是大概念。

结合上面的讨论，到底什么是大概念，就逐渐清晰起来了。概括来讲，大概念，是对学科核心知识和学科学习所需核心策略技能的观念性认知，是可以回答"为什么"的高阶思维概括。一个被普遍接受的定义是这样的：大概念通常是指一个学科领域或主题课程领域中最精华、最有价值的内容，一般用陈述句式来表达一个观点。"最精华、最有价值的内容"包括知识结构和过程结构两个方面的内容，知识结构指向学科知识范畴的核心内容，过程结构指向学科学习方法和技能方面的核心内容。简单地理解，大概念就是对学科核心知识和技能的价值判断或原理性认知。"复述可以促进记忆和理解，运用与文本内容、结构相契合的支架可以帮助我们把握文本主要内容信息，提高复述的质量和效果。"这一大概念中，"复述可以促进记忆和理解"属于知识结构，"运用与文本内容、结构相契合的支架……"属于过程结构。"神话是各民族认识和探索世界的想象产物，塑造、传承了各民族的精神风貌。"这个关于神话的大概念，就是属于典型的知识结构，揭示的是对神话这一文体的概念性理解或观念性认知。

大概念体现了"专家思维"。之所以说是专家思维，首先在研究领域，大概念是最能用来解释现象的，在学科教学中，大概念就是对学科基本知识和技能运用之"道"的揭示和概括。如果说以知识和技能目标为终点的教学，是止于"术"和"知其然"，那么以大概念的发现和理解为目标的教学，就是在"术"的基础上追求"道"和"知其所以然"。

## 二、大概念的基本特征

要弄明白大概念的基本特征，就语文学科而言，在"语文要素"成为统编版小学语文教材中揭示最基本编排意图的概念这一背景下，我们可以讨论一下语文要素可不可以直接看作一个个值得持久理解的大概念。

还是以"复述"为例。

四年级上册第八单元的阅读训练要素是"了解故事情节，简要复述课文"。这条训练要素是统编版小学语文教材中有关"复述"或"讲述"的七条中的一条。这条要素的意思，是在了解故事情节的基础上，抓住情节要点简明扼要地复述出故事的内容。它包含了做什么和怎么做、做到什么程度等要求，但没有揭示为什么做和为什么"这样做"，即它没有揭示为什么要简要复述课文，也没有揭示为什么要在了解故事情节的基础上进行复述。语文要素既没有揭示学科最本质的知识内容，让学习者认识到所学知识的结构性关系和其中隐含的概念，也没有揭示学习方法和技能运用的一般性价值，所以，语文要素不能直接被看作大概念。实际上，统编版小学语文教材各单元的语文要素，基本上都是关于方法和技能运用的，比如"借助关键语句理解一段话的意思""习作的时候，试着围绕一个意思写""分清内容的主次，体会作者是如何详写主要部分的""习作时注意抓住重点，写出特点"等。正如对语文要素的一个比较通用的解释：语文要素，指的就是语文素养发展的目标要素，包括基本的语文知识、必需的语文能力、适当的学习策略和学习习惯等。严格来说，将语文要素看成"语文素养发展的目标要素"，是对语文要素的"高看"，因为它停留在学科知识和具体技能运用的层面，没有抵达对知识和技能的观念性理解层面，没有抵达元认知，缺乏迁移力，于"素养"发展而言，它可能显得"力不从心"。如果这里的"素养"指的就是学科核心素养，那语文要素就更力所不及了。

如此看来，大概念有以下几个特点：（1）有一定的抽象性，但来自具体事实现象的概括；（2）不是一个事实，而表现为一种观点，可以不断被论证和讨论；（3）反映了专家的思维方式，具有强大的迁移力。

其中，第一个特点我们从关于"复述"这一知识和技能的讨论已经有了比较清楚的揭示。再比如，二年级下册识字单元，与其他的识字单元一样，如果只是让学生了解零碎的汉字知识，学习和掌握更多的识字方法，那就是"术"的叠加，并不能帮助学生形成对汉字的观念性认知，知识和技能就失去了迁移力。所以，我们需要揭示汉字的基本特点是怎样的，为什么可借助那些识字方法来认识更多汉字。那么，就需要从汉字发明和演变的现象中进行抽象概括，揭示出汉字识字学习的大概念："文字是文化的载体，汉字反映了先民对世界的形象化认识，具有以形表意的特点。"对于学生来说，如果在识字实践中能够在教师的引导下，发现并逐步理解这一大概念，那么每一个识字单元的学习，以及平时的识字，学生都会不断印证和更加深入地理解大概念，学生就能根据大概念梳理汉字的特点，提升自主识字能力，不断增强对汉字的热爱之情。从这一特点，可以很自然地联系到第三个特点——反映了专家思维，具有强大的迁移能力。迁移力是大概念的本质特征，是大概念之所以值得揭示和运用于教学以促进深度理解的重要原因。当学生发现和理解了一个学科大概念，他就可以运用这一大概念将相关知识和技能建立起结构化认知，就可以在不同情境中使用大概念，帮助自己学习新知，发展新技能。关于汉字识字的大概念，甚至可以启示学生在学习其他语言时，主动探索特定语言的起源、演变和规律，从而让学习充满了探索的趣味。所以，大概念不仅可以跨情境迁移，还可以跨文化、跨时间迁移。

关于第二个特点，我们需要作一番探讨加以澄清。在《追求理解的教学设计》中，作者指出，大概念在教学实践中通常表现为一个有用的概念、主题、有争议的结论或观点、反论、理论、基本建设、反复出现的问题、理解或原则。大概念可以以各种形式体现——一个词、一个短语、一个句子或者一个问题。前面提到过，大概念是一个外来词汇，到底什么是大概念，我们首先是通过阅读有关译著来认识和理解的。《追求理解的教学设计》中指出大概念可以以各种形式体现，《十大教学模式》《以概念为本的课程与教学》《设计与运用表现性任务》等书中，都引用了《追求理解的教学设计》中关于大概念的表述或定位，但是这些书中所有的教学案例，都将大概念表述为一个陈述句式，用陈述句来表达一个观点（观念），而不是用一个词或一个短语或一个问题。《以概念为本的课程与教学》中，作者直接将大概念定义为一种宽泛、抽象并能普遍适用的陈述。这些书中举的例子（这里只分享语文的）："阅读有助于写出优秀作品""多视角能够深度理解一个故事""创作故事是为了传达关键信息"。那么，这些是不是与讨论大概念最具体全面的《追求理解的教学设计》中的观点不一致呢？不是的。《追求理解的教学设计》中完整的一段话是这样的："须注意，大概念可以以各种形式体现——一个词、一个短语、一个句子或者一个问题。反过来，一个核心的概念、一个基本问题或一个正式理论都是大概念，只是用不同的方式表达出来而已。但在后面的章节中我们将讨论，表达大概念的方式是很重要的，这不仅是一种风格或品味。根据希望学习者所达到的理解来架构大概念，是优质设计工作的关键。"显然，其他几本书的作者已经用共同的"实践"告诉我们，大概念最符合学习者理解的表述方式，就是"用一个陈述句，表达一个观点"。《十大教学模式》中有一句话很有代表性："对于一两个单词来说，一句话更能够指明目标。"

　　到底怎么表述大概念的问题，或许可以用这样一种区别来澄清——大概念与教学大概念。也就是说，"大概念可以以各种形式体现——一个词、一个短语、一个句子或者一个问题"，这里的大概念，是针对所有研究领域的；而"用一个陈述句，表达一个观点"，这样的大概念，是专门指教学大概念的。例如，"复述"这个词，是一个大概念，但是当我们要将其表述为教学大概念时，就用这样的陈述句："复述可以促进记忆和理解。"再如，"读写策略"这个短语，是一个大概念，表述为教学大概念时，就要用这样一句话："运用合适的阅读和表达策略，可以促进对文本的理解或丰富表达内容和角度，突出表达意图。"

### 三、如何提炼单元大概念

大概念的提炼检验教师对学科最核心最本质内容的理解和把握。大概念提炼是否科学准确，直接关系到教师如何选择和运用教学内容、方法等实践问题。

大概念是理解性目标，《设计与运用表现性任务》和《十大教学模式》中，都直接将 KUD 目标中的"学生将理解（U）"等同于大概念，实际情况正是如此。例如，统编版三年级下册第一单元的 KUD 目标梳理如下：

学生将知道（K）：

1. 语言运用是实现表达意图的基础；优美生动的语言更具有表现力。

2. 一边读一边想象可以帮助自己理解文章内容。

3. 可以从不同角度观察和了解一种事物。

学生将理解（U）：

1. 优美生动的词句可以促进读者形成联想和想象画面，反之，运用联想和想象可以促进对优美生动词句的理解和体会。

2. 从不同角度描写一种事物，可以把事物表现得更清楚。

学生将能做（D）：

1. 运用图像化策略阅读描写自然中事物的文章，判断和评价语句为什么优美生动。

2. 从不同的角度观察事物，借助记录卡并运用图像化策略把事物写清楚。

对应的需要学生发现和理解的大概念提炼为：

（1）运用合适的策略（图像化）可以促进理解和表达。

（2）事物具有多方面的特点，从多角度观察和描写可以写得更清楚。

对照 KUD 目标可以发现，大概念的提炼与 U 目标是一致的，不同的是，第一条大概念比对应的 U 目标更加凝练。

所以，教师在进行语文大单元教学时，根据具体单元主题和预期学习结果精心梳理和表述出了 KUD 目标，单元大概念也就基本清晰了。

U 目标或者大概念是需要精心提炼的。提炼需要以清晰的思维过程作为支撑。下面以统编版六年级上册第一单元为例，梳理一下提炼大概念的思维过程。

首先，在进行单元整体教学解读时，要明确这个单元需要学生理解的关键概念是"想开去"和"想象"，实际上就是"联结"与"想象"策略的运用。接着要追问：读写时为什么需要运用联想与想象？教师要结合单元文本的理解和自身的学科理解，寻找追问的答案：

其一，人们阅读时，能够从作者的语言文字中读出属于自己的理解和感受，那是因为从文章具体表达中联想到了自己的相关经验，生发了联系紧密的想象。作者、文本和读者经验的对话互动能否拥有丰富的角度，能否抵达更大的深度，主要看读者能积极主动地激活多少相关经验，能联想和想象得多宽多远。

其二，写作亦是如此。对所写事物思考更多，了解更多，事物特点与作者经验的联结维度越丰富，作者从事物特点出发联想到的就越丰富，想象也就能够获得强有力的翅膀，表达时的读者意识就能够自如地渗透在语言文字中。简言之，读写对话首先是在主体经验范围内发生的。联想与想象，是激活经验的思维活动，也是建构新经验的思维路径。

概括地讲，阅读的时候能想开去，不仅可以深化对课文内容的理解，而且可以活跃思想，激发创造力；写作的时候想开去，运用联想，发挥想象，让表达更加生动形象，更容易引起读者的共鸣。

经历了围绕关键概念的追问和分析理解，大概念也就清晰起来：联结和想象策略可以促进对文本的理解或丰富表达内容和角度以突出表达意图。

但是，这个大概念还是值得进一步讨论的，那就是：其他的读写策略呢？比如提问、预测等，是否也可以促进对文本的理解或丰富表达内容和角度以突出表达意图呢？回答是肯定的。所以，一个更具有概括力和迁移力的大概念，应该表述为："运用合适的读写策略（联结和想象）可以促进对文本的理解或丰富表达内容和角度，突出表达意图。"括号里的标注，是为了指明，在这个单元的学习中，集中聚焦学习的是"联结""想象"这两个读写策略的运用和理解。

通过上面的案例，基本明确了单元大概念的提炼路径。教师首先从单元学科知识和技能中发现关键概念，基于概念间的联系和组织产生的观点和价值，以最终帮助教师自己提炼出合适的单元大概念。基本路径可以分为以下五个步骤，即发现单元学习需要学生理解的关键概念——对关键概念的学习原理和价值进行追问、分享、澄清——初步提炼表述单元大概念——将单元大概念放置在更广阔的学科学习背景下进行审视——确定单元大概念。

提炼大概念除了一般要遵照上面的思路，针对具体的教材单元，还可以从单元中各版块揭示的基础性概念入手，通过澄清基础概念间的联系揭示大单元教学需要理解的大概念。统编版六年级上册第四单元是小说单元，从单元导语页、课后思考题和交流平台可以梳理出这个单元的基础性概念包括"虚构""故事""人物""情节""环境"等，大概念的提炼就需要关注这些基础性概念，揭示和厘清这些基础性概念之间的联系。正如《以概念为本的课程与教学》一书中指出的："概括（大概念）是表述两个或两个以上的概念之间关系的句子。它们是跨时间、跨文化、跨情境可迁移的理解。"所以，这个单元的大概念就可以表述为："小说是以塑造人物形象为中心的虚构故事，往往有典型的环境、曲折的情节，反映现实生活。"

第四讲

# 核心学习任务的理解与设计

## 第一节
## 核心学习任务的理解

### 一、从新课标看学习任务设计的重要性

新课标增加了以往课标缺失的重要内容——"课程内容"标准，对语文到底教什么和学什么内容进行了定位。不过，定位的角度和维度并不是直接承接"课程目标"的表述，不是从"识字与写字""阅读与鉴赏""表达与交流""梳理与探究"四大语文实践活动来定位的，也不是按照大多数一线教师曾经熟悉的"识字与写字""阅读""写话/习作/写作""口语交际"等版块来梳理的，而是运用了一个新概念——学习任务群来组织和呈现。

这是一种创造性、颠覆性的组织和呈现方式。

以往的课程标准中没有"课程内容"的表述，根据专家的权威解释，原因在于语文课程的特殊性，导致如何厘清、组织和呈现课程内容显得异常困难。无论是从语文实践的方式来组织和呈现，还是以文体类型来组织和呈现，要厘清其间的逻辑线索，的确是一个不容易解决的难题。30年前中等师范里有两门语文方面的课程，即"文选"和"语文基础知识"。这两门课程，从课程名称上就揭示了课程内容。显然，这样的分类呈现，是不适合义务教育阶段学生的语言文字运用学习的，因为缺乏了情境性、综合性和实践性。

语文学习内容自然可以找到不同的线索分门别类，例如以往人们常说的"听说读写"和"字词句篇语修逻文"，但语文课程内容的系统性始终无法得到体现。对于学生来说，语文学习，是母语学习，母语学习既遵循学习者个

人在真实语言环境中隐性习得的一般规律，又需要在系统的课程环境中经历丰富的语言实践体验，收获语言文字运用能力和品质的提升。这就需要在课程内容的组织和呈现方式上，既能够囊括各种语言现象、知识、技能、观念等，又能够提供语言实践的多样化境遇，让学生不仅能初步学会运用国家通用语言文字进行交流沟通，而且还要实现语文核心素养四个方面一体化的发展，促进言语智慧的生成和生长。

因此，"语文学习任务群"概念被创造性地提出并出现在了新的课程标准中："义务教育语文课程结构遵循学生身心发展规律和核心素养形成的内在逻辑，以生活为基础，以语文实践活动为主线，以学习主题为引领，以学习任务为载体，整合学习内容、情境、方法和资源等要素，设计语文学习任务群。"

"学习任务群"，"群"是外在的组织和呈现形式，"学习任务"是"群"里面的核心内容。这就带来了一个问题：一个个"学习任务"就是语文课程内容吗？显然不是。新课标说得很清楚，"学习任务群"是"内容组织和呈现方式"，而不是课程内容本身。语文课程内容，在新课标里，首先以"主题和载体形式"来界定，主题很好理解，载体形式更是直接揭示了大家熟悉的、可知可感的、丰富多样的语文学习内容和资源。同样，作为"组织和呈现方式"的"学习任务群"，也在"学习内容"中揭示了具体的学习内容对象及资源。

这么梳理下来，我们就明白了一点："学习任务群"是语文课程内容的一种"组织和呈现方式"，而非课程内容本身。

这也就引出一个不得不讨论清楚的问题：为什么在课程内容本身系统化梳理困难较大，但不一定没有可能的情况下，新课标要选择以"学习任务群"来作为课程内容的"组织和呈现方式"呢？

强调"方式"，而不是直接强调和梳理"内容"，一定是有其特别考量的。新课标中"教学建议"第二条中"体现语文学习任务群特点，整体规划学习内容"，可以很好地回答这个问题。第二条有两段话——

教师要明确学习任务群的定位和功能，准确理解每个学习任务群的学习内容和教学提示。在此基础上，综合考虑教材内容和学生情况，设计不同类型的学习任务，依托学习任务整合学习情境、学习内容、学习方法和学习资源，安排连贯的语文实践活动。注重语文与生活的结合，注重听说读写的内在联系，追求语言、知识、技能和思想情感、文化修养等多方面、多层次发展的综合效应。

关注不同学习任务群之间的内在联系，以及同一学习任务群在不同学段的连续性和差异性；关注不同地区学校和学生的差异，合理安排学习内容，把握学习难度，组织学习活动。根据学生需求提供学习支持，引导学生在完成任务、解决问题的过程中积累语文学习经验，发展未来学习和生活所需的基本素养……

注意最后一句！原来，之所以强调"学习任务群"，最根本的目的是以课程内容的组织和呈现方式来促进教与学方式的变革，即教师要精心设计学习任务，以任务驱动的方式组织和实施教学活动，让学生"在完成任务、解决问题的过程中积累语文学习经验，发展未来学习和生活所需的基本素养"。这揭示的是学习任务的驱动力和发展力。这条教学建议还揭示了学习任务强大的整合力——"依托学习任务整合学习情境、学习内容、学习方法和学习资源，安排连贯的语文实践活动"。

结合在第一讲中对新课标与大单元教学关系的讨论，可以进一步确认，无论是在课程内容组织形式上还是目标追求上，为单元学习精心设计具有整合力、驱动力、发展力的学习任务，正是大单元教学对新课标理念的积极呼应。

基于教材单元的大单元教学设计也好，教师自主研发的主题大单元教学设计也好，一般一个单元只需要设计一个"大任务"，我们称之为"核心学习任务"或"学习任务"。

## 二、学习任务的本质特征

设计学习任务，目的有三。一是让学习在"真实"的问题解决情境中真实发生——学生觉得要学习的知识和技能都是有价值的；二是依托学习任务，将原本离散的学习内容、情境、方法、资源等进行有逻辑的整合，帮助学生建构系统性和整体性的学习体验；三是追求深度理解，促进学生学科核心素养的切实发展，即"追求语言、知识、技能和思想情感、文化修养等多方面、多层次发展的综合效应"。这三个目的都揭示了同一个共识——学习任务的核心不是显性的"任务"，而是任务驱动的"连贯的语文实践活动"，是语言文字运用的学习，是语文核心素养的发展。在大单元教学中，一个适切的学习任务，就是目标落实的驱动器和重要载体，是连贯的语文实践活动安排的线索，要能够承载起帮助学生建构目标导向的学习体验的责任。

在一些学习任务设计和实践中，由于老师们没有厘清学习任务和学习目标之间的关系，以学习任务本身为目的，以学习任务产出的显性成果产品或表现为评价依据和教学追求，而不是聚焦完成学习任务过程中学生应该习得的知识和技能，以及以知识和技能学习为基础的概念性理解，结果热闹过后，学生的语文素养并没有得到发展和提升。也就是说，成果产品和表现是怎么获得的，需要运用哪些知识和技能，在运用过程中促成了怎样的深度理解，才是学习任务完成过程中重点关注和凸显的对象，也是学习评价的主要内容和依据。

下面我们来对比一下为同一个教材学习单元——统编版六年级下册第一单元设计的大单元核心学习任务。

案例1：核心学习任务设计为"分享多姿多彩的民俗"，将核心学习任务分解为三个子任务：春节的民俗日历、古今民俗小贴士、不同地域的民俗。子任务一的学习重点是梳理北京春节和家乡春节不同时间点的民俗活动；子任务二的学习重点是感受不同时代、地域、表现形式的民风民俗，领略多姿多彩的民俗所承载的文化精神；子任务三是深入探究不同地域民俗文化并组织分享。

案例2：核心学习任务设计为制作"风俗纪录片"（一部配有解说词的6分钟纪录片，向观众介绍自己家乡的一种风俗或自己在一次风俗活动中的经历）。子任务分解为三个：节日诗词积累大比拼、风俗纪录片设计热身、制作分享"家乡风俗"纪录片。子任务一的学习目标是学习和丰富与风俗有关的古诗词积累。子任务二的学习目标是发现课文内容安排的匠心，聚焦主次安排。讨论每篇课文给自己留下深刻印象的内容，在思考并梳理这些内容给读者留下深刻印象的理由的基础上，再从《北京的春节》《腊八粥》《藏戏》中选择一篇文章，设计一个由几个片段组成的"纪录片"文案，并说明片段选择和组合的理由。子任务三的学习目标就是运用知识、技能、方法，制作和分享纪录片，体验知识和技能运用的价值。

上面两个案例一对比，哪个学习任务设计偏离了语言文字运用的学习是一目了然的。

第一个学习任务的设计，忘记了最根本的语言文字运用学习的目标，而把主题任务本身当成了学习目标，教和学的着力点都在任务本身，而不是用任务来驱动，用任务来整合，用任务来促进知识和技能学习运用的体验和理解。目标一旦偏离了正确轨道，如何选择学习内容，用好学习资源，安排学习活动等，也就一起偏离了轨道。

造成这种情况的主要原因，是教师没有真正理解学习任务群设置的理念，没有理解学习任务的本质。新课标"课程理念"第二条如下：

2. 构建语文学习任务群，注重课程的阶段性与发展性

义务教育语文课程结构遵循学生身心发展规律和核心素养形成的内在逻辑，以生活为基础，以语文实践活动为主线，以学习主题为引领，以学习任务为载体，整合学习内容、情境、方法和资源等要素，设计语文学习任务群。学习任务群的安排注重整体规划，根据学段特征，突出不同学段学生核心素养发展的需求，体现连贯性和适应性。

这里明确指出"以学习任务为载体"，而不是以学习任务为目的。

"课程内容"的"内容组织与呈现方式"概述中有这样一句话："设计语文学习任务，要围绕特定学习主题，确定具有内在逻辑关联的语文实践活动。""课程实施"的"教学建议"中也同样强调要依托学习任务"安排连贯

的语文实践活动"。语文实践活动包括"识字与写字""阅读与鉴赏""表达与交流""梳理与探究"四个领域，每个领域都有明确的目标要求。无论一个单元的学习任务如何设计，目标导向原则是必须坚持的第一原则。学习目标定位科学正确，才能设计出积极为目标达成服务的学习任务。

第二个案例，虽然学习任务看上去挑战较大，但是整个学习任务的完成，都是基于单元读写目标的落实，都是为了在解决真实问题、生成真实产品和表现的任务过程中，循序渐进地学习和运用具体的学科知识和技能，促进概念性理解，同时，"追求语言、知识、技能和思想情感、文化修养等多方面、多层次发展的综合效应"。

再比如，为四年级上册第五单元设计的大单元核心学习任务是创办"班级那些事"班刊，但任务的核心是学生按单元习作要求创作文章，重点要落实的学习目标是学会把事情写清楚，让学生在连贯的语文实践活动中理解：为了把事情写清楚，需要根据表达意图从不同方面构思和选材。

梳理目前老师们为教材单元设计的各种学习任务，我们会发现，很多都是"分享故事""评选达人"之类，这并没有什么不妥，尤其是"讲故事、做表演"，原本就是语言文字运用的重要表现方式，且是儿童感兴趣的方式——当然，我们可以有更多的创意和选择。关键在于，老师们一定要厘清学习任务在课程设计和实施中的作用和价值，要真正想明白学习任务是不是很好地服务于学习目标的落实，是不是积极地促进了学生语文核心素养的发展。

再来看看案例3：一位教师给二年级上册的《我是什么》一文设计学习任务，先梳理出属于"语言文字积累与梳理"学习任务群的五个学习目标（积累与梳理"我"会变成什么，积累与梳理动词的用法，积累与梳理带三点水的字，积累与梳理有雨字头的字，积累与梳理四字词语），然后对应学习目标设计了五个学习任务（课文中"我"会变成什么，动词的用法，带三点水的字，有雨字头的字，四字词语），分析了学习情境的创设（可以角色表演、动作表演，可以一字开花，可以词语接龙）。

课程标准在"教学建议"中关于学习任务的设计，有这样的表述："教师要明确学习任务群的定位和功能，准确理解每个学习任务群的学习内容和教学提示。在此基础上，综合考虑教材内容和学生情况，设计不同类型的学习任务，依托学习任务整合学习情境、学习内容、学习方法和学习资源，安排连贯的语文实践活动。注重语文与生活的结合，注重听说读写的内在联系，追求语言、知识、技能和思想情感、文化修养等多方面、多层次发展的综合效应。"这段话中，非常明确地指出了，学习任务应该是具有整合力的。一个具有整合力的学习任务，把零散的知识、技能、活动等有逻辑地、结构化地联系起来，让学生能够在"连贯的语文实践活动"中，建构具有整体性、系统性的学习体验，达成深度理解，获得迁移能力。这样看来，一篇课文的学习，甚至一个单元的学习，大的驱动任务应该只需要一个——单元学习因为内容较多，时间跨度较长，往往会将核心学习任务有层次有逻辑地分解成几个子任务，以帮助学生循序渐进地建构积极的、有逻辑的学习体验。显然，一篇课文的学习，设计五个学习任务，这是匪夷所思的事情——或者说明设计者并不懂得新课标中和大单元教学中的"学习任务"指什么。

怎么区分学习任务和学习活动，可以借助一个比方来澄清。我们可以把建一栋房子看成一个具有整合力的学习任务，这个学习任务可以分成设计规划、材料采购、浇筑地基、建构框架、装修装饰等几个子任务，而其中用什么工具画图纸、材料预算和采购、砌好一块块砖等这些就是不同子任务下的活动。"建一栋房子"这一核心学习任务能够将这些活动，以及资源、方法等整合起来。

这样看来，案例3中的"五个学习任务"，都不具备整合力，都只能算作某个学习任务下的学习活动。实际上，所谓具有驱动力的学习任务，应该是基于具体的情境完成一件具体的事情，这件事情的"完成时"，可能是一件产品———篇文章、一幅画、一本文集等，也可能是一个能够反映多方面知识建构和技能运用的"表现"———次朗诵、一次演讲、一段表演、一台集体完成的"节目"等。

像这种把以往大家熟悉的学习活动直接在名称上改成"学习任务"的，

以及把学习任务等同于学习目标的,一是概念不清,二是没有理解新课标学习任务群设置的意图,更重要的是不清楚学习任务的本质特征。

学习任务的本质特征是载体性、实践性、整合性和挑战性。

首先,学习任务是一个精心设计组织的载体,学生借助这一载体循序渐进地学习和运用相关语文知识、技能来解决真实问题,并在解决问题过程中理解知识、技能的意义和价值,形成具有迁移力的概念性理解,提升学科素养。正如新课标所指出的,在教师方面,可以"依托学习任务整合学习情境、学习内容、学习方法和学习资源,安排连贯的语文实践活动",为教学目标的落实提供切实的实践性保障;在学生方面,可以"在完成任务、解决问题的过程中积累语文学习经验,发展未来学习和生活所需的基本素养"。认识了学习任务的载体性,就不会错误地把学习任务当成学习目标,或者抓住了任务,失去了目标。

实践性是学习任务的第二个本质特征。这一点似乎最好理解——"任务"总是需要去探索和完成的,无论是撰写一篇冒险故事,还是开展一次主题故事会,或者是进行"金牌小导游"评选,都是需要学生通过参与具体的实践活动来一步步完成的。但是,这里的实践,并不仅仅指表面的、以最终呈现出来的产品或表现为评价依据的实践,而是以"过程"为重心,以"过程"如何生成"产品"或"表现"的体验、认知发展为核心的实践。也就是说,语言文字运用是实践的核心。

整合性是学习任务的第三个本质特征,前面的案例分析已经作了比较充分的讨论。再举一个大单元核心学习任务设计的例子。统编版一年级上册第八单元是一个以"观察"为主题的单元,围绕主题情境和大概念"合适的阅读策略(提取信息和图像化)可以促进对文本的理解",教师设计了"练就小小观察能手"的核心学习任务。这一学习任务围绕"观察与发现"主题,整合单元学习内容(在口语交际中运用观察,在课文阅读中运用观察,在识字学词中运用观察,在学写贺卡中运用观察),联结学生日常的学习体验,在语文实践活动中,引导学生体会观察、发现、思考是怎样帮助自己学好语文、发展学习本领的,激励学生积极学习和运用观察进行自主识字、提取文本信息、解决学习和生活中的问题，体会观察和发现带来的学习成就感，促进自主学习能力的提升。学习任务的整合性也是新课标"教学建议"中明确提出的："……设计不同类型的学习任务，依托学习任务整合学习情境、学习内容、学习方法和学习资源，安排连贯的语文实践活动。"

学习任务的第四个本质特征是挑战性。一个优质的学习任务，指向的是学生深层学习成果的获得。所谓表层成果，指的是就当下学习内容和目标在学生身上表现出的成绩。而深层成果，指的是对学生综合性的、深远的影响——在具体的大单元学习中，指的是帮助学生形成具有迁移力的概念性理解。要影响学生的深层成果，教师就要在大单元核心学习任务设计时，确保学习任务和目标的挑战性，并引导学生在完成学习任务的基础上达成这样的目标。比如，五年级学生写一篇探险故事，四五百字的概述式故事，无论对于构思还是表达，都不具有挑战性；如果要写成一个在字数上有更高要求，尤其是需要展现出故事人物"运用思维方法解决问题"的曲折、吸引人的探险故事，就是一个富有挑战性的任务和目标了。显然，完成这样一个具有挑战性的任务和目标，学生在课程中受到的影响是多元的，是更深层的。新课标在"教材编写建议"中就指出："要通过学习任务的综合性、挑战性以及学习过程的探究性，体现同一个学习任务群在不同学段的纵向发展过程与进阶。"

基于以上讨论，就可以尝试为大单元学习任务下一个比较科学的定义——

语文大单元学习任务指的是为了追求语言、知识、技能和思想情感、文化修养等多方面、多层次发展的综合效应，即达成深度的概念性理解，基于特定的学习情境，体现学生主动应用所学语文知识、技能和理解来解决真实问题或生成现实产品和表现，以有计划的、连贯的语文实践活动为线索，能够有逻辑有层次地整合单元学习情境、内容、方法和资源的目标行动及其载体形式。

## 第二节　核心学习任务的设计

### 一、核心学习任务设计的基本追求

一个积极服务于核心素养发展的核心学习任务，应该具有哪些特质呢？新课标在"教学建议"中给出了方向性的答案："教师要明确学习任务群的定位和功能，准确理解每个学习任务群的学习内容和教学提示。在此基础上，综合考虑教材内容和学生情况，设计不同类型的学习任务，依托学习任务整合学习情境、学习内容、学习方法和学习资源，安排连贯的语文实践活动。注重语文与生活的结合，注重听说读写的内在联系，追求语言、知识、技能和思想情感、文化修养等多方面、多层次发展的综合效应。"细细研读这段话，我们就会发现，一个好的核心学习任务应该具有向心力，即让学生带着明确的学习目标展开学习历程；具有驱动力，即让学生积极主动地投入到学习过程中；具有整合力，即目标导向，能将学习情境、内容、方法和资源等要素，甚至评价都整合于学习任务中；具有发展力，即能帮助学生在有联系的语文实践活动中获得核心素养的发展，为未来学习和生活奠基和赋能。向心力自不必说，下面我将结合具体的学习任务设计，进一步阐述什么样的学习任务才是具备其他三个特性的。

1. 驱动力：促进学生成为主动的学习者

学习任务必须具有驱动力，否则，就不可能是学生需要的学习任务，不可能是"学为中心"的学习任务。一个具有强大驱动力的学习任务，让学生很自然地成为任务内容的共同设计者和自主实践者。学习情境的创设，自然是让学习任务具有驱动力的有力保障。后面我们会讨论如何创设大单元学习情境，这里主要讨论学习任务本身的驱动力。

什么样的学习任务才是具有驱动力的呢？

统编版小学语文六年级下册第五单元围绕"科学精神"这个主题编排了《文言文二则》《真理诞生于一百个问号之后》《表里的生物》《他们那时候多有趣啊》四篇课文。本单元的阅读要素是"体会文章是怎样用具体事例说明观点的"，表达要素是"展开想象，写科幻故事"。从课程内容来看，这个单元属于"思辨性阅读与表达"学习任务群，从表达任务来看，又属于"文学阅读与创意表达"学习任务群。"思辨"是科学思维的要求，"创意"是科学创造的追求，为了有联系地落实单元读写目标，促进学生对科学思维和科学创造的理解，我结合整个单元的学习内容和学生实际，设计了单元核心任务——最佳科幻故事评选。这是一个极具驱动力的学习任务，具体表现在以下几个方面：

首先，具有驱动力的学习任务应该是对学生具有吸引力的任务，是有一定挑战性的任务。"最佳科幻故事评选"这样的学习任务一发布，学生都跃跃欲试。因为大多数学生都喜欢阅读科幻故事，在内心深处也希望自己能够创作出精彩的科幻故事。经过前面的学习，学生已经明白科幻故事的创作与以往一般的想象故事相比，具有更大的挑战性，因为科学幻想要基于对"科学"的了解和尊重，但这种挑战性可以激发学生尝试的激情和勇气，尤其要进行"最佳科幻故事评选"，更是让大多数学生对这一学习任务充满了期待。

其次，具有驱动力的学习任务应该是指向问题解决的任务，是能够让学生不断收获成功体验的任务。科幻故事不仅需要丰富的想象、精彩的故事情节、对科学技术发展的展望，而且还要表达创作者对现实问题的关切，展现创作者的创造性思维能力。"最佳科幻故事评选"的学习任务，学生的关注点是"最佳"，那就要共同讨论优秀科幻故事的标准，就要根据标准来指导自己的科幻故事创作，就要有理有据地推荐自己欣赏的科幻故事。这样，学生在相关的语文实践活动中，就理解了什么是有理有据地表达观点，理解了科幻故事区别于其他幻想故事的基本要素，每一个具体学习目标的达成，都是一次切身的成功体验。

再次，具有驱动力的学习任务，应该是目标科学清晰的任务，是学生能够有层次有联系地建构学习经验的任务。"最佳科幻故事评选"这一学习任务隐含了这些学习目标：理解科幻故事的特点，明确优秀科幻故事的标准，理解"评选"要有理有据等。这个学习任务的落实，可以分解为三个层次递进的子任务：探秘科幻故事、合格评委修炼和最佳科幻故事评选会。第一个子任务对应的是理解科幻故事的特点，第二个子任务要学习的是有理有据地表达观点，第三个子任务指向的是知识、技能、方法的综合运用。

### 2. 整合力：让学习诸要素整体发挥作用

新课标明确指出，只有"依托学习任务整合学习情境、学习内容、学习方法和学习资源"，才能保障语文实践活动安排的连贯性，才能让一个个语文实践活动具有内在关联性，帮助学生自主建构有联系的积极学习体验。一个好的学习任务，必须是具有强大整合力的任务，能够让学习诸要素整体发挥作用的任务。这样的学习任务，是"注重语文与生活的结合，注重听说读写的内在联系"的任务，是"追求语言、知识、技能和思想情感、文化修养等多方面、多层次发展的综合效应"的任务。

首先，具有强大整合力的学习任务，要以教师对学习内容的深度教学解读为基础。新课标指出，学习任务群下的学习任务设计，要充分结合教材内容和学生情况。那么，针对具体的教材单元，教师就要对单元结构、内容、编排意图等进行全面深入的教学解读，明确单元重点学习目标引领下的各版块内容之间的联系，理清单元内容整合的线索和思路。

以统编版语文一年级下册第六单元为例，这是一个围绕"夏天"主题编排的课文学习单元。对于一年级的学生来说，夏天并不陌生，它是自然的季节更替，也是能够给孩子带去最多欢乐时光的季节。教材编排了三篇课文，分别是《古诗二首》(《池上》《小池》)《荷叶圆圆》《要下雨了》，这三篇课文文体不同，通过不同事物的描写，从不同的角度呈现夏天的特点，让学生感受到夏天的丰富和美好。具体来说，《古诗二首》捕捉了夏天独特景象中的诗意，《荷叶圆圆》以童话的方式表现了夏天的情趣，《要下雨了》通过童话故事向儿童普及夏天的气象常识。除了课文，单元内与夏天有关的内容还有很多。"语文园地"中的"识字加油站"，给出的词语都是与夏天紧密相关的事物；"日积月累"给出了若干关于夏天天气的谚语，反映了人们经过长期观察积累的生活经验和智慧。一年级学习这些谚语，首先要觉得有意思，其次才是积累生活知识，如果还能够运用就更是有趣的体验了。此外，"和大人一起读"呈现了《夏夜多美》这个童话故事，是发生在夏夜的一个暖心的故事。这些内容很容易与学生的生活体验建立联结，从而启发学生进一步观察、发现和体验夏天的特点，感受夏天的美好，建构起对夏天更丰富的认知。

从单元选文和其他版块内容来看，本单元的课程内容属于"文学阅读与创意表达"学习任务群。这个学习任务群在第一学段提出的"学习内容"要求包括"诵读表现自然之美的短小诗文，感受大自然的美景与变化""学习儿歌、童话，阅读图画书，体会童真童趣，感受多姿多彩的生活，初步体验文学阅读的乐趣"等。同时，"教学提示"中提出："可以根据学段学习要求，围绕多样的学习主题创设阅读情境""重视古代诗文的诵读积累，感受文学作品语言、形象、情感等方面的独特魅力和思想内涵，提升审美能力和审美品位"等。这给教师设计学习任务明确了方向和重点。因为这个单元的学习主题（人文主题）正是"春夏秋冬"主题的，而且与学生的生活经验联系起来看，这一主题很自然地揭示和创设了符合学生经验需要的学习境遇。在这样的境遇下，语言文字运用的学习要聚焦的是什么呢？为什么这样的主题境遇可以为目标明确的语言文字运用学习提供积极支撑？教师可以依据单元具体学习内容、教材编写意图和学生实际再作进一步梳理。

其次，具有强大整合力的学习任务，一定来自教师对学习目标的清晰定位。教师在进行学习任务设计时，心中要有明确的、能够统领主题任务学习内容和活动的总体性学习目标，并始终以目标视角来观照每一项学习内容和活动，厘清它们之于目标的具体学习价值，对学习内容进行符合目标逻辑的整合与组织，对学习活动进行有层次地呼应目标的规划安排。遵循逆向设计原则，是确保学习任务具有整合力的有效实践策略。逆向设计分为三个阶段：阶段一是确定预期结果，即明确学习目标；阶段二是确定合适的评价证据，即根据预期结果确定能够证明学生理解了所学知识的表现性任务和其他需要收集的证据；阶段三是设计学习体验和教学，也就是在前面两个阶段的基础上考虑最合适的教学活动。

再次，具有强大整合力的学习任务，一定是聚焦概念性理解的学习任务。一般来讲，聚焦知识和技能训练的教学实践中，没有真正的学习任务存在，而只有一个个零碎的学习活动。对于学生来说，在零碎的学习活动中，学到的是知识和技能本身，并不理解知识和技能的价值，因而很难在不同的情境中灵活地迁移运用这些知识和技能。所以，在设计学习任务之前，教师要厘清主题任务学习要聚焦的概念性理解目标，即大概念是什么。例如，统编版语文五年级下册第四单元聚焦的大概念就是"情动于心，外显于行，对言行举止等外在表现的描述可以更好地展现人物内心"。

有了上面三点作为保障，教师就能较好地设计出具有强大整合力的学习任务。例如，六年级下册第二单元从课程内容上看，主要属于"整本书阅读"学习任务群。这个单元需要理解的大概念是：好小说都有鲜明的人物形象和引人入胜的情节，在阅读时自觉地进行内容把握、情节梳理和人物评价，可以更好地理解小说作品的特点和价值。教师可以为六年级下册《鲁滨逊漂流记》整本书阅读设计这样一个核心任务：设计并开展一期访谈鲁滨逊的综艺节目。这个核心任务的完成，整合了学习情境、学习内容、学习方法、学习资源以及学习评价。核心任务本身就揭示了学习情境——准备、设计和开展专题综艺节目；学习内容通过任务发布来明确——任务发布时讨论这档节目可以包括哪些内容，如要有故事梗概，要了解人物特点，要梳理人物经历的重要事件等；学习方法根据任务和活动需要选择和运用——基本阅读策略、跨学科学习等；学习资源是用来支持学习任务的——不仅仅是这一本书，还有相关的电影以及生成性资源等；学习评价根据学习过程中的表现性成果来设计——节目里的任何一项内容，如主持人的问题设计、片段展演、角色重现等都有对应的评价量规……

### 3. 发展力：种下持久理解的强大种子

学习任务群所追求的教学设计，要求教师能够设计基于问题解决的真实任务，用任务来驱动学生积极主动地用好学习资源，进行协同思考，实现深度理解，进而抵达概念性理解。从核心任务的设计和子任务的分解，到具体学习过程的设计，都要凸显学为中心，让学生成为具有问题解决意识和目标意识的行动者。这就说明，一个好的学习任务，是可以在学生的心中种下持久理解的强大种子的。

我曾围绕统编版小学语文一年级下册第一单元设计了一个核心任务"创作'春日之书'"，让学生在春天里阅读与春天有关的课文、图画书，自主进行读写绘的创作，提炼"形声字"关键词，"藏"在"春日之书"每一页的图画中。这个核心任务是聚合了教材文本情境和现实生活中对春天的观察、体验境遇，布置学生在自己的"春日之书"中"讲述"自己发现和创造的春天故事。核心任务分解为三个子任务，分别是"叫醒春天""发现春天"和"创造春天"。"叫醒春天"从阅读图画书《接着，春天来了》入手，发布核心任务和成功标准，进行"春日之书"的书页制作等；"发现春天"从阅读《是谁唤醒了春天》开始，学习教材内容，用认识更多的字来驱动对春天的发现，开始为"春日之书"积累"故事"，结合《小青蛙》《猜字谜》，学习在"春日之书"中"藏"形声字；"创造春天"包括种下春天的劳动、美化教室的行动、图画书阅读，以及结合《姓氏歌》开展班级春天生日会等，并将这些创作进"春日之书"，还可以举行"春日之书"发布会。在完成这样的学习任务过程中，学生经由多样化的语文实践，不仅持续理解了"四季交替形塑了人们对大自然生命节奏的体验"，还进一步理解了"文字是文化的载体，汉字反映了先民对世界的形象化认识，具有以形表意的特点"。当学生完成并分享了自己的"春日之书"后，他们都兴奋地提出，要接着在夏天的时候创作"夏日之书"，秋天的时候创作"秋日之书"，冬天的时候创作"冬日之书"。"种子"不仅种下了，还开始发芽、开花了。

新课标在"课程理念"和"教学建议"中都提出要注重学习任务的发展

力。"课程理念"中指出:"学习任务群的安排注重整体规划,根据学段特征,突出不同学段学生核心素养发展的需求,体现连贯性和适应性。"这里所说的"连贯性"和"适应性",就是在强调学习任务的发展力特征。"教学建议"中指出:"关注不同学习任务群之间的内在联系,以及同一学习任务群在不同学段的连续性和差异性。"这更是明确了联系基础上的发展属性。

教师在进行学习任务设计时,做到同时从向心力、驱动力、整合力、发展力四个角度追求学习任务的质量,就能保障学生在完成学习任务的过程中,拥有目标清晰的、积极的学习体验,就能经由任务的完成,实现对学习内容的概念性理解,语文核心素养的发展就能最大限度得到落实。

## 二、核心学习任务设计的一般思路

对于广大一线语文教师来说,根据目标落实和学生素养发展的需要,设计不同类型的学习任务,将成为必须积极面对的课题和挑战。

怎样才能设计出一个具有向心力、驱动力、整合力和发展力的单元学习任务呢?教师首先要拥有科学的设计思路。思路正确了,一个优质的大单元核心学习任务的诞生就有了保障,学习任务的组织实施也就有了清晰的蓝图。下面我们结合具体的案例,讨论基于新课标理念的大单元核心学习任务设计应该有怎样的基本思路。

### 1. 整体解读教材单元内容,确定学习任务群归属

新课标在"教学建议"的第二条指出:"教师要明确学习任务群的定位和功能,准确理解每个学习任务群的学习内容和教学提示。在此基础上,综合考虑教材内容和学生情况,设计不同类型的学习任务,依托学习任务整合学习情境、学习内容、学习方法和学习资源,安排连贯的语文实践活动。"这就是明确提醒教师,依托教材单元进行学习任务设计,首先要明确具体单元属于哪个学习任务群。准确判断出具体单元在课程内容上属于哪个学习任

务群，再进一步研读这个学习任务群的学习内容和教学提示，就能对单元内容的学习价值作出更加准确的定位。

统编版二年级下册第一单元围绕"春天"主题，编排了《古诗二首》《找春天》《开满鲜花的小路》《邓小平爷爷植树》四篇课文，从选文上判断，基本属于"文学阅读与创意表达"学习任务群。这一学习任务群第一学段的学习内容中指出："诵读表现自然之美的短小诗文，感受大自然的美景与变化。"这个单元的教材编写意图，主要是运用图像化和联结策略理解这几篇课文表达的感情，并运用正确的语气和重音处理朗读出从文章中体会到的感情。这与"文学阅读与创意表达"学习任务群的定位和功能是一致的。这个单元还编排了"快乐读书吧"，要阅读的是儿童故事，所以这个单元同时也属于"整本书阅读"学习任务群。"整本书阅读"的内容是儿童故事，也是文学作品，与"文学阅读与创意表达"学习任务群是交叉的。阅读分享时，除了说一说从故事阅读中获得的感受，朗读（朗诵）也是重要的分享方式。这与单元文本阅读的重点学习目标是一致的。

整体性的细致关联解读，除了能够帮助教师准确判断单元学习内容的学习任务群归属，还能发现学习内容的"整合"线索，确保教师设计出真正具有整合力的单元学习任务。例如，要将二年级下册第一单元属于两个学习任务群的单元学习内容整合到一个学习任务中，就需要教师在进行单元整体解读时，发现单元课文阅读和整本书阅读目标价值上的一致性或关联性，即从具体词句中发现春天的感觉，用朗读来分享自己的理解。

再如，五年级下册第八单元围绕"幽默智慧"主题，编排了《杨氏之子》《手指》《童年的发现》等课文，在课程内容上，属于"文学阅读与创意表达"学习任务群。这一学习任务群在第三学段提出："阅读表现人与社会的优秀文学作品，走进广阔的文学艺术世界，学习品味作品语言、欣赏艺术形象，复述印象深刻的故事情节，积累多样的情感体验，学习联想与想象，尝试富有创意地表达。"明确了学习任务群所属，单元学习的目标定位和功能也就清晰了——要品味文本言语表达中的智慧和幽默风趣的语言表达效果，正如课程目标的学段要求中指出的"辨别词语的感情色彩，体会其表达效果""懂得写作是为了自我表达和与人交流"。这样，就确定了单元学习任务设计的目标方向。

2.科学定位单元学习目标，厘清持久理解大概念

确定了具体的教材单元在课程内容上属于哪个学习任务群，同时心中清楚此学习任务群的定位和功能，在此基础上，结合具体的单元内容和学生情况，就可以科学定位单元学习目标了。单元学习目标的定位，既要做到准确、清晰，又要从多维度的学习目标中提炼出需要学生持久理解的概念性理解目标，即通过这个单元的学习，需要学生对相关知识和技能的理解和运用达到怎样的观念性认知，以认知发展促进迁移运用，实现"语言、知识、技能和思想情感、文化修养等多方面、多层次发展的综合效应"。

KUD目标表述模式的运用，使师生共同成为目标的理解者和追求者。例如，四年级上册第三单元属于"实用性阅读与交流"学习任务群。在进行深入的单元整体解读基础上，结合课程标准"阅读与鉴赏""交流与表达"等学习领域对第二学段的目标要求，以及"实用性阅读与交流"学习任务群对第二学段的定位，单元的重点学习目标大致表述如下：

学生将知道（K）：

1.观察时不仅可以用眼睛看，还可以用耳朵听、用鼻子闻、用手摸、用心想。

2.细致连续的观察能够更全面深入地了解动植物的特点。

3.图文结合、做表格等是记录观察所得的重要方式。

学生将理解（U）：

连续细致地观察能帮助我们更准确生动地表达大自然事物的特点。

学生将能做（D）：

1.阅读时判别哪些是作者连续细致观察所得。

2.连续细致地观察一种动植物，写观察手记。

3.初步养成连续细致观察的好习惯。

这样的 KUD 目标层次性非常清楚，学生很容易理解并据此对自己的学习情况进行监控和调整，为学教评一致奠定了基础。通过 KUD 目标的提炼和梳理，这个单元需要学生深度理解的是什么就清楚了，单元大概念也就围绕"观察与表达"清晰起来："连续观察可以丰富关于周围事物的写作素材，有助于把事物特点写清楚。"这个大概念的理解需要学生在"连贯的语文实践活动"中初步达成，单元学习任务的设计就要充分考虑是否围绕大概念的理解，是否在帮助学生探究这样的核心问题：如何进行细致连续的观察并表达出观察所得？

KUD，不是独立于学生的成长之外的，它是指向学科核心素养的，既明确了学生学习具体单元需要习得的知识，又明确了需要持久理解的认知观念，还明确了具体的学习行为。KUD 目标和大概念的提炼，确保了学习任务的向心力和发展力。KUD 目标提炼和表述科学与否，体现的是教师对课程学习价值的理解是否透彻。提炼和表述越科学清晰，大概念提炼越明确，后面的任务和活动设计就会越聚焦，越有效。

### 3. 合理创设单元学习情境，精心设计核心学习任务

（1）如何创设学习情境？

单元核心学习任务的设计，不能脱离了"真实"的学习情境，因为只有当学习情境能够激发学生的内驱力，让学生产生积极主动地解决"现实"问题的欲望，学习任务才拥有了更加强大的驱动力，整合力也在学生解决问题的"语文实践活动"中得到积极体现。

现实生活中有许许多多需要综合运用语文知识、技能、思想解决的问题，但这些现实问题直接成为学生单元学习情境的可能性很小。学校教育语境中的学习情境，都是需要教师进行"创设"的。新课标在"教学建议"中有这样的表述："语文学习情境源于生活中语言文字运用的真实需求，服务于解决现实生活的真实问题。"理解这句话，可以借用"文学源于生活，服务于生活"的说法。关键在于，教师精心创设的学习情境，是能够让学生充满期待、积极主动参与任务解决的情境，且能够在一定维度上联结现实生活

中的真实问题。在此基础上设计的单元学习任务，驱动力和整合力就水到渠成了。

　　KUD目标和大概念提炼后，就要考虑创设什么样的学习情境。创设学习情境，教师首先要区分"虚假情境"和"真实情境"。我们可以从众多的课堂现场和教学设计中看到这样创设学习情境的例子："同学们，有个地方被人们称为鸟的天堂，你们知道吗？这节课，我们就跟随巴金爷爷一起去看看，鸟的天堂到底是一个什么样的地方吧。"教师这么说，创设了一个真实的学习情境了吗？实际上，这是典型的虚假情境——师生都不可能真的跟随巴金先生一起去看看鸟的天堂，而只能通过巴金先生的文章去了解鸟的天堂。

　　再来看看在教学三年级上册第六单元时，教师创设的学习情境："这单元的学习，我们将要练成一名小导游，然后向大家介绍祖国一处美丽的地方。谁的介绍能像这个单元的课文一样吸引人，让大家对自己介绍的地方心生向往，就可以被评为班级金牌小导游，为介绍撰写的'导游词'会被评为五星作文。"这个学习情境是真实的吗？新课标"教学建议"第三条指出："语文学习情境源于生活中语言文字运用的真实需求，服务于解决现实生活的真实问题。创设情境，应建立语文学习、社会生活和学生经验之间的关联，符合学生认知水平；应整合关键的语文知识和语文能力，体现运用语文解决典型问题的过程和方法。""导游"这一身份体验，正好"建立语文学习、社会生活和学生经验之间的关联"，也"符合学生认知水平"，而且指向了真实的问题解决。所以，这样的学习情境才是真实的，才是学生需要的。

　　一个适切的大单元学习情境，既是主题情境，同时也是任务情境。根据单元或学习主题创设学习情境，确保学习情境与主题的一致性，并凸显主题的现实意义，这样就能激活学生的相关生活经验，以激发学生的学习兴趣和热情。同时，一般而言，创设的学习情境是直接联结核心学习任务的，促使学生怀着积极期待围绕生活或学习中的真实（现实）问题、真实（现实）任务去经历学习历程，建构学习体验，既搭建起日常生活实践与语文课程之间的桥梁，又赋予学习活动以具体意义。正如杨向东教授所言："所谓真实情境，其本质是心理意义上的，是指那些贴近学生既有经验且符合其当下兴趣的特定环境。正是这样的整合性真实情境，搭建了学生所处日常生活实践与学校课程（领域）学习之间的桥梁，赋予学生学习活动以意义，使得学生实践反思与社会互动变得必要和成为可能。"

（2）如何设计核心学习任务？

在创设学习情境的基础上，教师要聚焦核心学习任务的设计。一个具有向心力、驱动力、整合力和发展力的核心学习任务从哪儿来呢？

首先，创设学习情境的时候，就已经蕴含了核心学习任务的基本样态。再举一个例子。统编版二年级上册第三单元是一个智慧故事单元，属于"文学阅读与创意表达"学习任务群。这个单元的学习，要促进学生发现和理解的大概念是"复述可以促进记忆和理解，运用合适支架（借助关键词句）可以帮助我们把握故事内容，为复述提供积极支撑"。结合单元内容和学生实际，可以创设这样的学习情境："我们班要进行第一届'故事大王'评选了。这次要讲的是关于我们儿童的生活故事。我们小朋友的生活丰富多彩，故事当然也丰富多彩。你要从自己喜欢的生活故事中选择一个，绘声绘色地讲给大家听，还要表达一下自己的感受和想法，也要听听同学们对故事的感受和想法。讲得精彩的同学，会被评为我们班第一届'故事大王'呢。"这一学习情境中就蕴含了核心学习任务——评选班级第一届"故事大王"。

但是，不是所有的学习情境创设都会让核心学习任务直接"显现"出来。统编版五年级下册第六单元属于"思辨性阅读与表达"学习任务群，要理解的大概念是："思维指导行动，理解故事中人物的思维过程，能够加深对故事的理解。"结合单元内容和学生实际，为了促成对大概念的理解，教师创设了这样的学习情境："假如自己有机会去探险，准备去一个什么样的地方，设想会遇到哪些情况，是怎样通过思考和行动战胜困难的。"基于这样的学习情境，将能够促进学生概念性理解的核心任务设计为：创作一个探险故事。这个核心学习任务与学习情境密切相关，但学习情境并没有直接揭示核心学习任务。那么，这个核心学习任务是怎么设计的呢？它是直接将教材单元的习作任务作为单元核心学习任务的。但是，作为要促进大概念理解的单元核心学习任务，设计的思路首先就要考虑到"整合"单元学习情境、内容、方法和资源等——这个核心学习任务完成过程中，学生通过《神龙寻宝队》的阅读和课文的学习，会不断理解人物的行动背后是其思维的方式和过程，进而迁移到自己的故事创作中，设想故事中的人物遇到什么样的困难和挑战，又是怎样思考和行动的，结果怎样。创作的过程，是一个不断深化理解大概念的过程。

学习任务能够将具体课程目标落实所凭依的学习情境、学习内容、学习方法和学习资源有逻辑地整合起来，让学生在完成学习任务、解决具体问题的过程中，参与和体验一系列语文实践活动，从而收获具体学习目标指向的预期学习结果。从以上几个案例可以看出，设计核心学习任务，最简明的切入点，就是单元读写知识和技能目标，把教材单元看上去相对独立或关联的读写行为，设计成需要有层次地协作完成的学习任务。

核心学习任务不是凭空诞生的。"……综合考虑教材内容和学生情况，设计不同类型的学习任务"，新课标同样提示我们，学习任务主要诞生于教材内容和学生需要。

第五讲

# 子任务分解与语文实践活动安排

## 第一节

## 子任务分解的目的与思路

### 一、子任务分解的目的

无论是教师自主开发的主题大单元教学，还是基于教材单元的大单元教学，核心学习任务是贯穿整个单元学习历程的。核心学习任务的完成过程，应该是学生带着学习成功标准循序渐进地建构学习体验的过程。在这个过程中，学科知识和技能的习得、运用以及对知识和技能的概念性认知，应该是线索清晰、层次分明的。如果教师仅仅设计了一个核心学习任务，这种必要的层次性、逻辑性在学生的体验中就很难体现出来，"连贯的语文实践活动"的"连贯性"也不能被学生所感知并建立起联系。为了使核心学习任务更清晰地呈现出目标落实的路径，一般需要对核心学习任务进行有层次的分解，让学生通过一步步完成子任务进而完成核心学习任务，循序渐进地发现和理解大概念。

也就是说，子任务分解的目的是为了逻辑清晰、层次递进地落实核心学习任务，同时体现出不同层次学习目标的内在联系和合力，既为教师的教学过程设计理清思路，更为学生在完成核心学习任务的过程中有层次地实现概念性理解明确学习的路径。

具体而言，子任务分解的目的可以从三个方面来认识。

1. **体现核心学习任务完成的层次性和进阶性**

一个大单元核心学习任务是一个具有整合性的系统任务。教师作为学习任务的设计者要十分清楚，任务的完成应该是怎样一个具有层次性和阶段性的循序渐进的过程。例如，统编版五年级上册第七单元属于"文学阅读与创意表达"学习任务群，这个单元的大单元教学，需要学生发现和理解的大概念是"一切景语皆情语——留心观察和用心感受可以帮助我们发现景物的特点和意蕴，助力我们写出景物之美"。为了实现大概念的理解，教师设计了"制作'电视散文'"的核心学习任务。学生要能够制作"电视散文"，必须先了解什么是电视散文，为什么要制作电视散文，接着要能够以具体景观为对象撰写出符合要求的散文，然后再进行电视散文制作和分享。其中撰写描写景物的散文，又需要从单元课文中受到观察方法、表达方法等多方面的启发。大单元核心学习任务的完成，也就要分成至少三个层次：认识电视散文—学习和制作电视散文—展示分享任务成果。所以，教师就可以将"制作'电视散文'"的核心学习任务分解为如下四个子任务：

子任务一：收集创作素材。首先结合单元导语页的人文主题，共同交流自己眼中的自然之美，例如最喜欢的季节、最喜欢的景色等，分享自己是在何时、何地欣赏到了喜欢的自然美景，给自己留下深刻印象的画面情景有哪些。接着共同欣赏展现自然之美的电视散文，顺势发布本单元的核心学习任务和要求，明确大单元学习成功标准。在此基础上，选择确定自己的观察对象，并及时记录，填写观察记录卡。观察从本单元学习之初就开始进行，并做好观察记录或回忆梳理，为制作电视散文准备尽量丰富的相关素材。

子任务二：撰写散文作品。结合习作任务要求，撰写散文作品初稿。通读几篇课文，向课文中的写作大师学习，感悟大师笔下的自然之美和真情实感，发现写好景物之美的秘密（重点学习静态描写和动态描写）。在阅读后进行写法的总结，对照散文作品的成功标准进行自我监控和调节，进一步修改、完善自己的散文作品，形成散文作品定稿，加深对大概念的理解。

子任务三：制作电视散文。首先在小组内进行散文作品的朗读分享，推选出小组最佳散文，再进行小组合作，结合散文作品的文字内容，绘制或搜集相应图片，拍摄相应视频，选择好背景音乐，在信息技术和美术老师的协助下完成电视散文的制作。

子任务四：举办电视散文欣赏会。子任务四既是本单元学习任务，同时也是本单元学习成果的展示。首先需要为欣赏会作好充分准备，教师要和学生再一次明确最佳电视散文的评选标准，学生在欣赏的同时评选心目中班级最佳电视散文，欣赏结束后进行欣赏感受的交流分享，最后进行颁奖复盘，深化大概念的理解。

## 2. 帮助学生建构目标导向的、清晰的学习体验

子任务的分解，要体现"学为中心"，是应学生学习的需要而采取的策略和行动。对于学生来说，每一个子任务要完成的"事情"比核心学习任务更加具体，学习目标的理解和落实也会显得更加"亲切、踏实"。将大单元核心学习任务分解为几个层次分明、循序渐进的子任务，学生在更加具体的学习目标导向下，建立的学习体验更加清晰。

统编版四年级上册第三单元主要属于"实用性阅读与交流"学习任务群，大单元学习的 KUD 目标梳理如下：

学生将知道（K）：
1. 观察时不仅要用眼睛看，还要用耳朵听、用鼻子闻、用手摸、用心想。
2. 如何进行连续细致的观察，什么样的描写是对观察对象准确生动的表达。
3. 图文结合、做表格等是记录观察所得的重要方式。

学生将理解（U）：
连续细致的观察能帮助我们更全面地了解事物特点，还可以促进对事物进行准确生动的表达。

学生将能做（D）：
1. 阅读时判别哪些是作者连续细致观察所得，哪些描写准确生动。
2. 连续细致地观察一种动植物，写观察手记。
3. 初步养成连续细致观察的好习惯。

结合上述单元学习目标，这个单元需要帮助学生在语文实践活动中达成的概念性理解（大概念）是："连续细致地观察可以丰富关于周围事物的写作素材，有助于把事物特点写清楚写生动。"

这一大概念的理解指向的核心问题是：如何进行连续细致的观察和准确生动的表达？

为了帮助学生发现和理解大概念，核心学习任务设计为"出版"班级大自然笔记系列。这一核心学习任务如何分解才能帮助学生有层次地建构目标导向的学习体验呢？首先要让学生对大自然笔记有所了解，并产生撰写自己的大自然笔记的期待。这就要依托目标清晰的具体学习任务，即子任务——初识大自然笔记，尝试按照成功标准撰写大自然笔记。紧接着，要在表达与交流中，生成新的学习目标，即优秀的大自然笔记需要如何观察和表达。这就自自然然地需要依托子任务二——跟着名家名篇学观察和表达（其中"阅读与鉴赏""表达与交流""梳理与探究"的目标要求就会成为学生最关切的学习体验）。在这个过程中，学生不断学习和运用相关知识、技能，指导撰写自己的大自然笔记作品，加深对大概念的理解。最后的编辑出版班级大自然笔记，就成为学生体验学习成就感的任务，同时进一步深化了对大概念的理解。

### 3. 有序整合单元学习内容、方法、资源和评价

"整合性"是大单元核心学习任务的本质特征之一。学习任务能够整合大单元学习情境、学习内容、学习方法、学习资源以及评价，这种整合性的价值不仅体现在教师教学设计的角度，还体现在促进学生如何提升自主学习能力方面——为了达成学习目标，积极主动地建立学习各要素之间的联系。分解后的子任务，让大单元学习情境、内容、方法、资源和评价等方面的整合方式和结构更分明地呈现出来，给学生自主学习以积极的启发。

还以统编版四年级上册第三单元为例。子任务二以观察和表达方法的学习为目标重点，在以单元文本《爬山虎的脚》《蟋蟀的住宅》中体现作者连续观察和生动表达的内容为学习对象时，也会整合子任务一中补充的学习资源——任众的《大自然笔记（节选）》，还会整合学生学习生活中的先有经验，比如三年级的留心观察单元的内容和方法等。从评价角度看，子任务一的落实，会对学生在观察方法运用上，进行先有经验的评估，重点是"五官观察法"的了解和运用；子任务二中有关观察方法的习得，评价的重点就在"五官观察法"的基础上有了变化和发展，聚焦的是"连续观察"和对事物发展变化的关注。

## 二、子任务分解的一般思路

子任务的分解，要精心考虑单元学习内容、方法、资源和评价等如何为了学习目标的落实，尤其是实现大概念的理解，而进行有序整合——单元选文怎么用，口语交际和习作在学习任务中的价值如何定位，"语文园地"各版块内容应整合在什么环节，这些都要在子任务分解中给出清晰的答案。那么，一个大单元核心学习任务到底如何进行子任务分解呢？

### 1. 厘清核心问题下的问题链

通常，单元教学大概念的理解需要聚焦相关的核心问题，核心问题的回答需要在核心学习任务完成的过程中进行探究、体验和澄清，探究、体验和澄清的路径中，隐含着核心问题统领下的一个问题链。例如，统编版四年级上册第三单元需要回答的核心问题是"如何进行连续细致的观察和准确生动的表达"。要澄清这个核心问题，就要一步步解决这样几个问题：（1）为什么要进行连续细致的观察和准确生动的表达？（2）如何进行连续细致的观察和准确生动的表达？从哪里可以习得相应的观察和表达方法？（3）怎样做好连续细致观察过程中的记录，才能帮助自己写出生动的自然笔记？

再以统编版三年级下册第七单元为例。这个单元主要属于"实用性阅读与交流"学习任务群，大单元教学需要促进学生发现和理解的大概念是"事物有多方面的特点，多角度描写可以把事物介绍得更清楚"。与大概念理解一致的核心问题是：如何有条理地从不同角度介绍事物？这个核心问题的探究，需要有层次地回答以下几个问题：（1）可以从哪些方面介绍事物不同的特点？（2）怎样的语言能够将事物特点介绍得既清楚又生动？（3）我们如何了解事物多方面的特点并用语言文字进行描述、介绍？

问题链中问题的解决过程，也就是核心学习任务一步步完成的过程，这里的"一步步"便是子任务分解的重要线索之一。三年级下册第七单元的核心学习任务设计为"微讲坛——探秘我眼中的世界"，核心学习任务统领下的子任务分解，与问题链就是基本一致的——

子任务一：讲坛秘籍之井井有条。阅读单元课文，在了解课文内容的基础上，发现课文分别从哪几个方面来介绍事物，运用思维导图对"几个方面"进行梳理。在三篇课文阅读梳理的基础上，学生确定自己要介绍的事物，并尝试用思维导图或关键词句列出自己要从哪几个方面介绍该事物，形成介绍提纲。

子任务二：讲坛秘籍之妙语连珠。在第一步梳理清楚文章的写作思路，确定从哪几个方面描写事物之后，如何运用语言进行表达实践就成为迫切需要，欣赏和积累课文中描写事物的语言，丰富语言积累和经验，并进行语言运用实践，就成为新的任务选择。

子任务三：讲坛秘籍之他山之石可攻玉。通过前两个学习任务，学生已经列出介绍事物的提纲（从几个方面进行介绍），也尝试使用所积累的优美生动的语句来描写事物。这个时候，学生有可能会重新选择事物或者希望在先有经验基础上对事物拥有更丰富的了解，这就需要通过多种途径来丰富所选事物的信息，并进行信息的选择和整合，进一步确定从哪些方面描述介绍，运用什么样的语言来描述介绍，并撰写作品。

子任务四：举办班级"微讲坛"。这是大单元学习的最后一个环节，也是学生学习成果的展示环节。学生需要修改完善"微讲坛"的介绍稿，然后报名参加展示。评委是每一个同学，他们对照评价标准进行评价。展示分享和评价的过程，即是大概念理解深入的过程。

以上分解的四个子任务中，前三个子任务与问题链基本上是一一匹配的。

## 2. 从学的逻辑出发思考任务推进的路径

无论是知识目标还是技能目标，从知晓到理解再到迁移运用乃至抵达深度理解，与大单元学习内容的理解和运用策略是一致的。这是对学的逻辑的呼应。也就是说，如何学，决定了如何安排学习内容和活动。

统编版一年级上册第八单元主要属于"语言文字积累与梳理"和"文学阅读与创意表达"学习任务群。这是一个"观察"主题单元，同时观察也是重要的单元学习目标——通过观察帮助学生提取重要信息，通过观察进一步发现和理解汉字构字特点，通过观察图文结合促进理解。这个单元需要促进学生发现和理解的大概念是"合适的阅读策略（提取信息和图像化）能够帮助文本理解"。那么，如何借助"观察能力"的提升发展学生的概念性理解呢？通过解读单元学习内容，就能发现学习目标与学习内容之间的关系，并从学的角度明确学习内容整合的顺序和策略。教材单元编排了《雪地里的小画家》《乌鸦喝水》《小蜗牛》三篇课文。这些课文都以动物为主人公，充满了童真和童趣，能激发学生的阅读兴趣。通过学习本组课文，学生可以体会到，只要留心观察，生活中处处都有趣味，处处都有学问。除课文外，口语交际"小兔运南瓜"需要学生认真观察三幅图画，在读懂的基础上积极思考，展开想象讲述故事和想法。"语文园地"的"识字加油站"引导学生发现职业和工作地方之间的关系，"字词句运用"版块引导学生观察对比，发现每组词语都有一个共同点，就是都有一个相同的字。围绕这个发现，让学生知道不仅同一个字可以组成不同的词，在不同的词里它们的含义可能还不一样。写新年祝福的话，学生要认真观察贺卡的书写格式。这些版块都在训练学生的观察能力、图画阅读能力和语言运用能力。那么，"观察"如何成为目标落实的基础，又如何成为学习推进的线索呢？一年级学生的学习兴趣往往是通过感性的、游戏化的方式激发的，所以，从口语交际"小兔运南瓜"入手，通过"观察"来帮助小兔解决问题，是最符合学的逻辑的选择。这个单元的大单元核心学习任务"做小小观察能手"，就可以分解为以下子任务：

子任务一：初试身手——我用观察帮小兔。口语交际前置，看图，和小兔一起观察，一起想办法把大南瓜运回家。说清楚为什么可以用那些方法，体验观察和发现的重要性。通过激励评价，创设学习情境，发布单元核心学习任务，明确单元学习成果标准。回顾分享识字读文时哪些活动需要运用观察，自主识字，尝试读通课文。

子任务二：慧眼发现——观察助我学语文。在自主识字读文的基础上，学习三篇课文，围绕"观察"提取明显信息，了解课文内容；运用观察，对照插图，猜读生字，尝试读通没有全文注音的课文；运用观察写好字，发现更多识字方法。

子任务三：成果分享——观察助我享成长。阅读有趣的动物故事和诗歌，进一步体验观察和发现的乐趣，提升提取信息能力；通过观察学会写新年贺卡；梳理语文学习中的观察，体验观察和发现在学习成长中的重要性。

对学的逻辑的呼应，让子任务的分解更加契合学生的学习心理需求，学习任务的驱动力在情境创设的基础上进一步得到加强。统编版五年级上册第六单元主要属于"文学阅读与创意表达"学习任务群。这个单元的大单元学习需要促进学生发现和理解的人文大概念是："父母之爱，深沉、温暖、无私。"学科大概念是："情以物迁，辞以情发——文章的思想情感通过具体策略和语言来表达，关注场景和细节描写可以帮助我们体会作者想表达的思想感情；语言运用恰当，表达的看法和感受更能让人产生共鸣。"学习聚焦的核心问题是"我们如何发现和表达父母之爱"。对于五年级学生来说，"父母之爱"既是熟悉的，又是陌生的，因为这个年龄阶段的儿童，往往更关注自己的感觉，对父母之爱"视而不见"，甚至还会对父母有各种各样的"意见"。充分结合大单元学习内容和学生情况，核心学习任务设计为"向爸爸妈妈倾诉心里话"。为了让学生以积极的心理投入到大单元学习中，子任务分解如下：

子任务一：初识父母之爱。口语交际前置。提前布置学生搜集父母在日常生活中对自己爱的表达方式——一种是温暖之爱，一种是严格之爱——作为口语交际讨论的话题。在口语交际的学习分享后，发布核心学习任务，明确大单元学习成功标准，紧接着阅读《"精彩极了"和"糟糕透了"》，承接口语交际的话题，从巴迪的故事中受到启发，很自然地引导学生积极主动地反思自己的想法和观点。

子任务二：细品父母之爱。深入学习《慈母情深》《父爱之舟》，抓住文中的场景和细节描写——细品，通过朗读和分析，体会其中蕴含的深情。同文阅读《背影》，激活学生关于父母之爱体验的故事，用小练笔等方式继续话题表达和分享。

子任务三：表达爱的理解。有了前面的学习、分享和反思的经历，学生对父母之爱有了新的体验和认识，给爸爸妈妈写信表达自己爱的体验和感悟，也就水到渠成了。

将大单元学习目标（大概念的理解）与学生的学习心理紧密结合，对核心学习任务进行合乎目标和学习心理的科学分解，学习的"真实发生"就拥有了多重保险。

## 第二节

## 大单元教学中语文实践活动的安排

### 一、科学认识大单元教学的"语文实践活动"

在大单元教学中，学生学习体验的建构，从表面上看是借助学习任务的理解和完成，核心却是学生经历的一个个连贯的语文实践活动——这些语文实践活动，首先需要教师在目标导向下以学习任务为载体精心设计，其次是在真实的学习历程中动态生成。

"语文实践活动"指的是哪些活动呢？新课标在"课程目标"部分，将学段要求分成四个方面进行表述，分别是"识字与写字""阅读与鉴赏""表达与交流""梳理与探究"。这四个方面，也被称为四个"实践领域"，即四个方面的"语文实践活动"。课标在"学业质量内涵"的阐述中就有这样的表达："依据义务教育四个学段，按照日常生活、文学体验、跨学科学习三类语言文字运用情境，整合识字与写字、阅读与鉴赏、表达与交流、梳理与探究等语文实践活动，描述学生语文学业成就的关键表现，体现学段结束时学生核心素养应达到的水平。"

大单元教学中的"语文实践活动"，与新课标中的"语文实践活动"当然应该是一致的，指的就是"识字与写字""阅读与鉴赏""表达与交流""梳理与探究"。在大单元教学中，明确学习任务与语文实践活动的联系和区别，是教师的基础性认知。

统编版五年级下册第六单元的大单元教学设计中，核心学习任务是"创作探险故事"，子任务二是"探秘——他们是怎么思考的"。这个子任务的重点学习目标是从单元文本和补充文本的阅读探究中，弄清楚人物在面临具体问题时是怎么思考的，他们思考问题的策略和方式与问题解决的关系是怎样的，也就是他们的思维活动是如何影响事情发展的。要完成这个子任务，靠的是一个个相互联系、逐步推进的语文实践活动。通读这些文本，了解故事内容，离不开"自主识字"这一基础性的实践活动，而主要的实践活动是抓住主要情节把握故事内容，对故事中的主要人物所作所为所思所想有初步的判断，这是属于"阅读与鉴赏"领域的实践活动。聚焦故事中主要人物的思维活动时，学生借助下面的表格实践的主要也是"阅读与鉴赏"活动；表格完成后小组交流分享，既是"阅读与鉴赏"的进一步深入，同时也在实践"表达与交流"。子任务三"创作与分享——撰写一个探险故事并开展故事分享会"中，撰写探险故事属于典型的"书面表达"实践，故事分享同时涉及"阅读与鉴赏"和"表达与交流"。

| 课文/故事 | 人物 | 思维过程（思维导图或文字表述，呈现他们是怎样思考的） | 对人物思维的评价 | 受到的启发 |
|---|---|---|---|---|
| 《自相矛盾》 | | | | |
| 《郑人买履》 | | | | |
| 《田忌赛马》 | | | | |
| 《跳水》 | | | | |
| （自己搜索的谋略故事） | | | | |

上面的案例，让我们清晰地看到，任务驱动虽然是大单元教学的重要特征，但任务驱动的不是任务本身，而是指向知识、技能学习运用的语文实践活动。学习任务不仅让语文实践活动有的放矢，而且让知识和技能的学习运用拥有了真实问题解决的现实情境，促进学生深切体验和领悟语文实践活动的价值，发现和理解相应的学科大概念。

## 二、如何设计安排大单元学习任务下的语文实践活动

让我们先来看一个案例。

统编版六年级上册第一单元需要学生发现和理解的大概念是："运用合适的阅读和表达策略（联结和想象）可以促进对文本的理解或丰富表达内容和角度，突出表达意图。"指向大概念发现和理解的核心学习任务设计为"'想开去'读写智慧海报设计"，这一核心学习任务需要分解为三个子任务，并根据子任务目标定位，设计相应的语文实践活动。

子任务一："想开去"，做参与再创作的智慧读者。

这个子任务的目标，是让学生曾经在阅读中不自觉状态下的"想开去"，成为一种直觉的阅读实践体验，感受联想与想象策略运用在阅读中的积极价值，初步理解大概念。

版块一：激活已有经验，发布核心任务，激发学习期待。

（一）激活已有经验。

有层次地展开话题讨论：你记忆中最喜欢的一篇文章或一首诗是什么？为什么喜欢？你读这篇诗文时，想到了什么？

（二）发布核心任务。

1. 谈话创设学习情境。
2. 发布核心学习任务。
3. 明确单元学习成功标准。

版块二：通读单元课文，自主识字学词，整体把握内容。

自主阅读课文，完成学习单。

| 课　文 | 作　者 | 主要内容 | 一个词或一句话感受 | 积累的新词 |
| --- | --- | --- | --- | --- |
| 《草原》 | | | | |
| 《丁香结》 | | | | |
| 《宿建德江》 | | | | |
| 《六月二十七日望湖楼醉书》 | | | | |
| 《西江月》 | | | | |
| 《花之歌》 | | | | |
| 《过故人庄》 | | | | |

版块三：带着目标自读，批注联想想象，"想开去"初体验。

（一）自主阅读课文，在印象深刻的内容旁边批注自己阅读时产生的联想和想象，以及自己的阅读感受。

（二）选择一篇诗文（能多选更好），完成学习单（提醒参考课后思考题或题目下面的导读）。

| 文中句段 | 作者的联想和想象（如果有） | 我阅读时的联想和想象 | 我的理解和感受 | 我的仿写（选择一处） |
|---|---|---|---|---|
|  |  |  |  |  |
|  |  |  |  |  |
|  |  |  |  |  |

版块四：逐篇品读交流，师生相互启发，"想开去"深体验。

以学生的分享为契机，教师适时引导，打开思路，深入探究。

（一）《草原》品读。

1. 学生借助学习单展示分享自己的理解和收获，相机引导展开对话。

重点品读第一自然段，针对具体语句，边交流运用"想开去"获得的阅读感受，边练习朗读，读出感受，熟读成诵。

2. 借助具体描述感受"蒙汉情深何忍别，天涯碧草话斜阳"，联想自己的惜别经历加深理解。

3. 小组讨论：如何在海报中展示运用联想与想象阅读《草原》的过程和收获？

（二）《丁香结》品读。

1. 从入眼到入心。

（1）带着问题再读，思考，交流：作者写了哪些地方的丁香？从写作顺序上你有哪些发现？

（2）从哪些词句可以看出丁香已经走进了作者的心田，滋润了作者的心灵？找出来，读一读，看看自己联想到了什么。

重点品读第三自然段的"每到春来……人也似乎轻灵得多，不那么浑浊笨拙了""那十字小白花……照耀着我的文思和梦想"。

2.从物象到意象。

（1）从文中找一找，作者是怎么从丁香花写到丁香结的，哪些内容是作者联想到的。

（2）作者的思考是被她联想到的哪些诗句引起的？你又从作者的人生思考中联想到了什么？

3.从丁香"想开去"。

（1）谈话：丁香因其花苞恰如衣襟上的盘花扣，再加上这盘花扣大都在胸前，在"心"上，所以古人就发明了丁香结的说法，并用丁香结象征心结，象征愁怨。这样把情感、意义融进事物的形象，它就由普通的事物变成了具有特定象征意义的事物，也就是艺术作品中的"意象"。

（2）交流：你还知道哪些意象？在哪些诗文中读到过？

引导学生回忆《白鹭》《桂花雨》《静夜思》等诗文，进一步感受联想在阅读中的价值。

4.小组讨论：如何在海报中展示运用联想与想象阅读《丁香结》的过程和收获？

（三）品读《古诗词三首》。

1.衔接《丁香结》，从三首诗词中找一找自己熟悉的意象。（主要是月亮，学生能够说到"舟"等其他意象，给予鼓励。）

2.对比阅读《宿建德江》和《西江月》。

（1）读一读，想象诗词描绘的景象和诗人的情感，说说两首诗词中月亮意象的不同和为什么会有这样的不同——诗人当时分别联想到了什么。

（2）背诵两首诗词，默写《西江月》。

3.边读边想象《六月二十七日望湖楼醉书》每句诗描写的画面，交流自己"看"的画面，读出画面情景，然后说说自己联想到了什么。

4.拓展阅读积累《过故人庄》。

5.小组讨论：如何在海报中展示运用联想与想象阅读《古诗词三首》的过程和收获？

（四）品读《花之歌》。

1.反复朗读，体会并交流：你从这首散文诗中发现了哪些创意？

2. 结合具体句段，说说作者的创意是怎么产生的。（感受作者思路广阔的联想和想象）

3. 结合相关句段，学习"词句段运用"的第1、2题，体会、尝试运用排比修辞和分号把自己也想象成花（也可以把自己想象成别的事物），写一写自己联想到的情景。

4. 阅读《杨柳与水莲》，围绕话题思考并交流：

（1）你觉得作者想表达什么？是从哪里看出来的？

（2）阅读时你联想到了什么？

（3）对照《花之歌》，你发现了作者的哪些创意？

5. 展开联想，丰富相关积累：阅读《花之歌》，你能想到哪篇写花的文章也充满了创意？（《花的学校》）

6. 小组讨论：如何在海报中展示运用联想与想象阅读《花之歌》《杨柳与水莲》的过程和收获？

版块五：梳理阅读体验，分享阅读智慧，阅读版块规划。

1. 结合"交流平台"，师生一起梳理单元阅读体验，分享收获了哪些阅读智慧。

2. 小组讨论："想开去"读写智慧海报中的阅读版块怎样进行整体设计，才能把智慧清楚明白地分享给海报阅读者？

子任务二："想开去"，做创意表达的智慧作者。

这个子任务的目标，是让学生在作文时，大胆发挥想象，积极运用联想，进行创意表达，在表达实践中进一步理解大概念。

版块一：创意想象，变形热身。

围绕话题思考、梳理并交流：如果你能够变形，要把自己变成什么？（可以多想几种事物）变形后你希望自己能有哪些经历？（用思维导图或其他方式梳理）

版块二：表达创意，撰写故事。

从自己想变成的事物中选择一种，让自己"成为"它，把变形后的经历写下来。可以写故事，也可以仿照《花之歌》《花的学校》写。

版块三：欣赏评价，修改誊抄。

1. 根据评价量规自评自改。
2. 根据评价量规相互评价，根据建议修改。
3. 誊抄，配上插图或根据内容进行页面设计。

版块四：展示分享，讲评激励。

子任务三："想开去"，做读写智慧分享海报的设计师。

这个子任务的目标，是让学生通过对单元读写体验的自我梳理，从元认知上理解联想与想象在读写中的价值，深化大概念的理解。

版块一：小组继续讨论，设计读写智慧版块。

版块二：小组合作行动，制作主题海报。

版块三：海报展示分享，单元结业庆典。

纵观案例中每个子任务下的语文实践活动安排和设计，可以看出大单元教学中语文实践活动安排和设计的基本原则与思路。

## 1. 目标导向

既指子任务下的具体学习目标导向，也指大概念发现和理解的整体性导向——整体性导向是大单元教学中语文实践活动"连贯性"的要求和保障。

案例中，每个子任务都有明确的学习目标。例如子任务一，学习目标是通过文本阅读，促进学生曾经在阅读中不自觉状态下的"想开去"，成为一种自觉意识的阅读实践体验，感受联想与想象策略运用在阅读理解中的积极价值，初步理解大概念。任务下的文本阅读学习的每一项语文实践活动，都是围绕这一目标展开，丰富学生的相关体验，一步步形成概念性理解。

无论是子任务一中对"想开去"的初体验和每篇文本阅读学习后围绕"想开去"的梳理，还是子任务二中从表达实践中进一步体验"想开去"的意义和价值，再到子任务三中围绕"想开去"读写体验的整体性回顾和梳理，鲜明地体现了大概念发现和理解的线索，是大概念导向下的整体性设计和实施。

## 2. 依托任务

学习任务给了学生成果期待，也自然而然地赋予了学生一份"责任"。

所以，"依托任务"，既指语文实践活动有了真实的"载体"，也指学生的学习对相关语文实践活动有了积极的心理和实践需求。所以，依托学习任务安排连贯的语文实践活动，隐含着对两个相关问题的回应：（1）要完成学习任务，需要进行哪些语文实践活动？（2）要引导学生进行体验性理解，为什么这些语文实践活动能够有效促进学习任务的完成？所以我们发现，依托学习任务进行连贯的语文实践活动设计和实施，要求做到学生的学习实践和体验始终与任务相关联，每一个具体的语文实践活动都成为完成任务不可或缺的组成部分。

"'想开去'读写智慧分享"的学习任务，让学生积极主动地从文本阅读和创意表达实践中，发现和体验"联想与想象"在阅读理解和书面表达中的作用、价值。子任务一中，每篇文本的"阅读与鉴赏"，都以"联结和图像化"策略的运用和体验为重点安排实践活动，例如学习《草原》时对第一自然段的品读和不忍离别之情的联结，阅读《丁香结》时体会作者的所思所想以及意象的理解、拓展等。每篇文本学习都安排的"梳理与探究"活动，更是任务驱动下的语文实践活动。

### 3. 学为中心

子任务的分解要体现"学的逻辑"，依托学习任务安排的语文实践活动当然也应体现"学的逻辑"，要体现学生的自主学习，并以循序渐进地提升学生自主学习能力为重要追求。

"学为中心"提醒教师设计语文实践活动要促进学生以主体身份建构学习体验，教师主要在学生学习需要时提供必要的指导和支撑。例如，"'想开去'读写智慧分享"的子任务一中，"通读单元课文，自主识字学词，整体把握内容"的学习活动，教师提供了目标导向的学习单，学生借助学习单，就可以进行自主读文思考和梳理。单篇课文的品读探究，以"联结与图像化"策略运用为主线，教师主要在学习内容上给出提示，学生心系任务，主动阅读思考，体验策略运用如何帮助自己理解文本内容和作者意图，并进一步在不同文本阅读体验之间建立联结，深化体验，形成概念性理解。

第六讲

# 单篇文本在大单元教学中的运用策略

## 第一节
## 单篇文本在大单元教学中的地位

初次接触语文大单元教学且缺乏实践经验的教师，往往会产生这样的疑惑：大单元教学以学习任务为载体，学生要完成的是一个具体的任务，比如撰写一篇有明确要求的文章、开一个辩论会、开展一次故事会、出一期主题板报或班刊等，那么，单篇文本怎么用怎么学呢？他们甚至还会产生错觉，以为大单元教学是否定或者忽视单篇文本教学的。

早期的"大单元"教学设计，以具体的"事"为契机和目的，有些类似于现今的"项目化学习"。1920年代，教育家赵宗预在讨论"大单元"教学时就指出："那时儿童的时间精神，十分之七八，费在做事方面。而智的灌输，减得极少。并且大单元教学，只有曲线的进行，没有反复的练习；只有学习的机会，没有练习的时光……"其时，大单元教学相当于以任务为中心的跨学科教学设计或项目式学习设计，与当下学科大单元教学在理念上是一致的，但在任务性质和内容组织上有明显的区别。属于语文学科的大单元教学，无论作为一种教学理念还是一种教学实践方式，单篇文本教学在其中都具有举足轻重的地位，从来就不曾轻视或弱化单篇文本的学习价值。

### 一、大概念理解离不开单篇文本教学

语文大单元教学与传统的单篇文本教学在目标追求上的确有鲜明的区别。传统的单篇文本教学，虽然强调"三维目标"，但就学科最核心的学习内容和价值而言，很少提及和涉及深度理解，尤其是概念性理解，所谓的融

会贯通、举一反三，实际上都成了镜中花、水中月，教师教学时忘了，学生学习时根本就没见过真面目。例如，关于"小说"的教学，以往的单篇文本教学，教师不过是在教师用书的提示下，引导学生去分辨主要人物形象，分析情节和环境描写，至于"小说"何以为"小说"，其文体的根本特点和读写价值是怎样的，就从不进行思考和追究。学生学习了三五篇小说文本，可能记住了"人物""情节""环境"几个名词概念，但对小说到底是什么，既没有引起探究的兴趣，更没有形成属于自己的认知。再比如"说明方法"的学习，就着一篇说明类的文本，师生都在方法的区分和功用的分析上下功夫，却不曾深究说明方法何以是有效的，说明方法运用的实用考量和心理需求是怎样的关系，说明方法与表达目的之间的联系又如何。大单元教学，就是要在传统单篇教学的基础上，让目标再往深处走一步，让文本学习的深度价值被学生感知、发现和内化。

无论是课程内容层面的六大学习任务群，还是目标要求层面的四大语文实践活动领域，实践中都离不开单篇文本作为载体、例子、用件、样本或者学习的对象。大单元教学追求大概念的发现和理解，以帮助学生获得融会贯通、举一反三的迁移能力。从思维应用的角度来看，这就需要学生先从大量的事实和现象中提炼出观念性认知或原理来，再用一般性的认知和原理来指导对新的事实和现象的理解，促进学生形成解决新问题的学科核心素养。用简明的"公式"来表达，就是借助文本学习和任务实施进行"归纳—演绎—迁移"。

语文大单元教学中，单篇文本教学统一在大概念理解的目标追求之下，几篇文本和文本学习活动形成合力，帮助学生循序渐进地发现和理解大概念。统编版六年级下册第一单元主要属于"文学阅读与创意表达"学习任务群，大单元教学要促进学生发现和理解的大概念是"表达时做到详略得当，有利于突出表达意图，引起读者的兴趣和共鸣"。无论大单元核心学习任务如何设计，学生都必须借助《北京的春节》《腊八粥》《藏戏》的阅读，从读者体验和作者意图两个视角，聚焦文本中详写的内容，发现详写内容是如何促使阅读体验和表达意图之间产生共鸣的。如果教与学都只在单篇文本上着力分辨详写内容和略写内容，就文论文体会详写的意图和价值，而不是将三篇文本联系起来，从事实和现象中发现并提炼一致的概念性理解和认知，学生的学习体验就会停留于碎片化，与结构化认知无缘。大单元教学把三篇文本视为一个整体，在学习中基于大概念发现和理解的需要有层次地建立联结，并与追求大概念理解的表达实践紧密关联，帮助学生实现从"知其然"到"知其所以然"的认知水平的提升，实现从"术"到"道"的理解进阶。

可以说，离开了单篇文本教学，大单元核心学习目标追求就失去了基石。问题在于，教师必须明白，大单元教学中，单篇文本教学的组织有了新的样态，价值追求有了更加科学的定位。新的样态是怎样的，价值追求如何定位，我们将在本讲第二节具体阐述。

## 二、常规学习目标的落实离不开单篇文本教学

新课标在"课程性质"部分开宗明义地指出："语言文字是人类社会最重要的交际工具和信息载体，是人类文化的重要组成部分。语言文字的运用，包括生活、工作和学习中的听说读写活动以及文学活动，存在于人类社会的各个领域。"语文学习，尤其是小学语文学习，正是因为语言文字运用的基础性价值，决定了具体的大单元教学，不仅要落实重点学习目标，聚焦具体的大概念理解，还要落实诸如识字学词、练习写字、丰富积累、朗读体会等常规性学习目标。这些常规性学习目标的落实，都离不开单篇文本的教学。

第一学段很多单元的教学，识字学词、写字训练等就是重点学习目标，例如识字单元。这些单元的大单元教学聚焦的学科大概念，也是有关识字写字的。随着学段的发展，以课文学习为载体的单元比重越来越大，这些单元的学习要聚焦的大概念大多是关于"阅读与鉴赏""表达与交流"的，那么，识字学词、写字训练等常规性学习目标怎么落实呢？当然是借助单篇文本的学习。通常，学生在初读文本时，就要灵活运用掌握的方法自主识字学词、练习写字、丰富积累。

常规性学习目标主要借助学生自主学习来落实，有时也需要教师根据单元核心学习任务的需要，进行整体性设计。例如，统编版一年级下册第六单元主要属于"文学阅读与创意表达"学习任务群，核心学习任务是"分享夏天的故事"，子任务二的"版块一"就是针对该项目落实的语文实践活动安排。

版块一：自主识字，熟读课文。（2课时）

一、运用学过的方法，确认生字条中自己已经认识的字和不熟悉的字。

1. 独立确认。

2. 同桌互助确认。

二、读熟课文，识记生字。

1. 一读，在课文中圈出不熟悉的字，读一读，想一想，记一记。

2. 二读，把课文读流畅。先自己练读，再同桌相互展示（练习朗读《荷叶圆圆》《要下雨了》时，标记自然段序号）。

3. 三读，选择自己想展示的一篇课文，读给大家听。

4. 根据学生实际，有重点地检查、交流和巩固生字识记。

常规学习目标的落实，既是大单元核心学习目标落实的基础性保障，也是学生语文核心素养发展的需要，同时也呼应了"语言文字积累与梳理"这一基础型学习任务群的功能和定位，这些都决定了单篇文本在大单元教学中具有多维度的重要价值。

# 第二节

## 单篇文本在大单元教学中的运用策略

第一节中我们讨论了单篇文本在大单元教学中的地位，同时简单讨论了如何借助单篇文本落实常规性学习目标，这一节我们重点探讨就大单元核心学习目标——大概念理解而言，单元内的几篇文本都有哪些组织方式和运用策略。

不同的教材单元，需要理解的大概念和单元主题、版块内容等各不相同，与学生先有经验、学习兴趣、思维习惯等的联系也呈现出不同的状态，单元内单篇文本在大单元教学中的运用，就需要根据大概念理解和学生学习的需要，进行精心选择和组织，发挥其应有的目标价值。

## 一、并列式

大单元教学时，单元内的几篇文本在促进学生发现和理解大概念上，主要是以多个相同的事实或现象作为归纳的依据，帮助学生用归纳思维的方式，从个别到一般，发现规律，揭示"原理"。在设计学习活动和体验时，这几个文本次序不分先后主次，可以看作并列关系。

统编版四年级下册第四单元围绕"动物朋友"主题编排了《猫》《母鸡》《白鹅》三篇文本。这个单元主要属于"文学阅读与创意表达"学习任务群，大单元教学要促进学生发现和理解的大概念是"情以物迁，辞以情发——作者的情感蕴含在构思和语言中"。对于大概念的理解而言，这三篇文本所承担的"职责"是一致的，先学哪一篇后学哪一篇，并不影响学生建构结构化的学习体验和认知。

这个教材单元的大单元核心学习任务设计为"寻找我们的'班宠'"，任务成果是学生撰写自己动物朋友的作品和班级作品集——学生运用从文本阅读中领会的表达方法，发现和理解单元大概念，迁移理解，运用方法，撰写并相互欣赏，评选最惹人喜爱的"班宠"。解读分析三篇文本，可以发现，三篇文章在构思和语言上，带给学生的体验和形成的认知是一致的，都运用了明贬实褒的策略和富有情趣的语言，将作者对具体动物的喜爱之情非常真切地表达出来，引起读者的共鸣，带来愉悦的阅读体验。大单元教学时，既可以逐篇品读，然后关联探究，发现构思表达上的共性，形成概念性理解；

也可以让学生同时阅读三篇文本，从构思、语言运用、情感态度等几个角度进行品读、梳理，发现共同之处，发现和理解大概念。无论是运用哪种思路，三篇文本的先后顺序无论怎么安排，都不会影响学习体验的建构。

再如统编版一年级下册第三单元，在"伙伴"这一主题下，编排了《小公鸡和小鸭子》《树和喜鹊》《怎么都快乐》三篇文本，课程内容上主要属于"文学阅读与创意表达"学习任务群，要促进学生发现和理解的大概念是"词语在具体的语言环境中获得意义，运用合乎语境的方法（利用上下文）可以确认自己对词语的理解"。同样，这三篇文本在大单元学习中，学习价值地位是一致的，学习时可以不分主次先后。

大单元中几篇文本在学习体验建构和大概念理解价值定位上可以看作并列关系，但在实际的大单元学习任务设计和子任务分解、语文实践活动安排时，教师仍然要进行系统设计，以学的逻辑为准则，匠心安排文本学习的先后顺序。尤其是在统整整个单元各版块内容，帮助学生循序渐进地完成核心学习任务并在任务实践过程中逐步实现大概念的理解时，会基于教师个性化的单元整体解读和学习路径设计，在具体文本运用的顺序和策略上体现出创造性。例如，上面提到的一年级下册第三单元，三篇文本可以安排在不同的子任务中：

子任务一：了解什么是伙伴。

任务说明：本单元"语文园地"中的"日积月累"是古诗《赠汪伦》，这是从中国传统文化中走来的深厚友情，以这样一个具有文化审美意义且对一年级学生来说很有趣的故事，可以帮助学生对"伙伴"一词建立新的理解和兴趣。童话《小公鸡和小鸭子》中伙伴彼此之间的帮助符合儿童当下的生活情境，顺势教学单元口语交际"请你帮个忙"，继而阅读绘本《好朋友》，都在文字学习的过程中不断体会"伙伴"的意义。这一任务力求引导学生在大概念引领下的学习路径中，关注自己身边的朋友，创设"感谢朋友"的言语交流活动，理解和积累词语。其中，《小公鸡和小鸭子》的学习，在故事情境中引导学生学习利用上下文理解词语的意思。

这一子任务下的语文实践活动分为三个版块，分别是开启课——读《赠汪伦》，分享李白与汪伦的故事；学习《小公鸡和小鸭子》，联结口语交际"请你帮个忙"；阅读绘本《好朋友》，联结活动"感谢有你"——谢谢你对我的帮助（语言表达）。

子任务二：体验伙伴的美好。

任务说明：《树和喜鹊》一文是在《小公鸡和小鸭子》理解词义学习的基础上对单元学科大概念的持续理解，明晰"词语在具体的语言环境中获得意义"的认知，利用上下文帮助自己理解词语。曾经，"树很孤单，喜鹊也很孤单"；后来，有了朋友，"树很快乐，喜鹊也很快乐"。由此也特设一定境遇，将"语文园地三""查字典"这一技能转化为伙伴之间的互助学习，让学生在轻松愉快的学习氛围中习得技能，获得情感体验。"因为有你"的读写绘同样可以合作完成。

这一子任务下的具体语文实践活动分为三个版块，分别是学习文本《树和喜鹊》和《怎么都快乐》，好朋友合作查字典，因为有你——画下我们一起的快乐（笔下情谊）。

这个大单元核心学习任务"开展伙伴日活动——一起做春天里美好的事情"，是围绕"伙伴"主题生发和设计的，目的是为了在帮助学生理解学科大概念的同时，还能发现和理解人文大概念"有好伙伴的生活更美好"，所以才有了三篇文本在具体任务中的"各司其职"。

## 二、递进式

大单元教学中，知识、技能学习的深入和进阶，几篇文本所提供的目标价值是递进关系，也就是第一篇文本学习的知识和技能运用更基础，第二篇文本在第一篇的基础上，知识理解更进一步，技能运用要求更自主更熟练……随着一篇篇文本的学习运用，学生对大概念的理解也越来越清晰。

统编版二年级上册第三单元围绕"儿童生活"这一人文主题，编排了

《曹冲称象》《玲玲的画》《一封信》《妈妈睡了》四篇文本，大单元教学需要促进学生发现和理解的大概念是"复述可以促进记忆和理解，运用合适支架（借助关键词句信息）可以帮助我们把握故事内容，为复述提供积极支撑"。这个单元属于"文学阅读与创意表达"学习任务群，核心学习任务可以设计为"班级故事大王评选"。进行单元整体解读时我们会发现，《曹冲称象》的复述重点是曹冲称象的过程，让学生借助过程中几个关键步骤来讲述。学生把步骤理清了，边借助概括提示在脑海中"还原"称象过程，边练习讲述，初步习得方法和技能。第二篇文本《玲玲的画》，要求提高了，让学生抓住三个体现玲玲心情变化的词语（"得意""伤心""满意"），讲述整个故事。第三篇文本《一封信》，要求学生从故事中提炼出第二封信的内容，并与第一封信对比，谈自己的想法，也就是不仅要能够复述故事内容，还要能够进行评价。第四篇文本《妈妈睡了》不再提供关键词句信息，而是需要学生借助前三篇文本学习实践经验，自主梳理领会策略方法，自己找出关键的词句信息，然后围绕"睡梦中的妈妈是什么样子的"进行讲述分享。借助上述层次递进的语文实践活动，学生一边建构有关"复述"的知识，一边习得具体的方法、技能，并且循序渐进地发现复述的价值和具体方法运用的意义，也就是发现和理解大概念。

　　文本运用的递进策略，并不是由文本本身决定的，而是由大单元教学中具体大概念理解的需要决定的。无论是教材单元的大单元教学，还是教师自主开发的主题大单元教学，教师都要从学生如何更好地发现和理解大概念出发，从"使用价值"角度来判断和体现文本间的递进层次。

　　统编版四年级上册第二单元是策略学习单元，借助《一个豆荚里的五粒豆》《夜间飞行的秘密》《呼风唤雨的世纪》《蝴蝶的家》四篇文本来帮助学生理解"运用合适的阅读策略（提问）能够促进对文本的理解"。《一个豆荚里的五粒豆》"学习导语"提示："读课文，积极思考，看看你可以提出什么问题。"鼓励学生大胆提出问题，其次仿照问题清单整理同学提出的问题并说出自己的发现。第二篇精读课文《夜间飞行的秘密》示范引导学生采用批注的形式，在读文过程中和读完课文后写下自己的疑问，并对问题进行分类，初步理解不同问题的具体阅读理解价值。第三篇精读课文《呼风唤雨的世纪》延续旁批和总批的方式，以学生视角展示阅读文本后所能提出的问题，并对问题的价值作进一步判断。第四篇略读课文《蝴蝶的家》在前三篇学习的基础上，提示学生"读课文，提出自己的问题，再试着把问题分分类，选出你认为最值得思考的几个问题，并尝试解决"。文中不再出现旁批，不再提供学习样本，由学生在前面三个文本学习实践基础上运用"提问"策略，体验"提问"策略在阅读理解中的价值。四篇课文共同建构起"提问"策略习得的完整链条，即积极提问—多角度提问—筛选问题—尝试解决。统观四篇课文的学习要求，可以清晰地发现，教材给每篇课文定位了不同的教学功能，童话《一个豆荚里的五粒豆》针对部分内容或全文提问，说明文《夜间飞行的秘密》从不同角度（内容、写法、启示）提问，说明文《呼风唤雨的世纪》训练筛选对理解课文有帮助的问题，散文《蝴蝶的家》需要学生自主运用提问策略进行阅读，尝试解决提出的问题。大单元教学设计和实施时，呼应这样的递进思路，是促进大概念理解的科学选择。

## 三、辐射式

一个具体的大单元教学中，从其中一个文本入手，帮助学生在实践活动中初步习得知识和技能，在运用知识、技能解决问题的学习体验中初步明晰大概念，然后再通过其他文本进行进一步实践验证，让大概念的理解更加清晰透彻。这样以一个文本奠定基础，再辐射其他文本的阅读实践，我们称为大单元文本运用的辐射式联系。

统编版三年级上册第六单元以"祖国河山"为主题，选编了《古诗三首》《富饶的西沙群岛》《海滨小城》《美丽的小兴安岭》四篇课文。本单元主要属于"文学阅读与创意表达"学习任务群，大单元教学要促进学生发现和理解的大概念是"确定/运用关键语句有助于准确把握/有逻辑地表达段落和文章的主要意思"。落实这一大概念理解的主要文本是《富饶的西沙群岛》《海滨小城》《美丽的小兴安岭》。为了落实大概念的理解，大单元核心学习任务设计为"争当金牌小导游"或者"设计假期旅行攻略",无论哪个真实的学习任务,都需要以读促写,用好"关键语句"把主要意思表达清楚。《富饶的西沙群岛》的学习,就可以通过精心设计语文实践活动,帮助学生初步发现和理解大概念,并很自然地辐射联结《海滨小城》《美丽的小兴安岭》的学习,进一步内化大概念的理解。下面是《富饶的西沙群岛》的教学设计示例。

版块一:借助地图,整体入手,创设学习境遇。

1. 出示中国地图,阅读教材目录,借助地图了解单元诗文描写的壮美山河分别在祖国的什么地方。

阅读导语页,了解单元学习内容和目标。

版块二:对比阅读,了解结构,建立初步印象。

1. 对比课题:"富饶的西沙群岛""海滨小城""美丽的小兴安岭"题目上有什么相同和不同之处?如果要写一篇文章介绍你的家乡,可以取个怎样的题目?

2. 对比开头和结尾:读一读《富饶的西沙群岛》和《美丽的小兴安岭》的第一自然段和最后一个自然段,你有什么发现?再读一读《海滨小城》的最后一个自然段,又有什么发现?

版块三:聚焦"富饶",初读课文,整体了解内容。

1. 猜一猜"富饶"是什么意思。"那里风景优美,物产丰富,是个可爱的地方"这句话中哪个词语最能解释"富饶"的意思?

2. 自读课文,读正确,读通顺,想一想课文为我们介绍了西沙群岛哪些优美的风景和丰富的物产,试着填一填下面的表格。

| 自然段 | 风景和物产 |
| --- | --- |
| 2 | |
| 3 | |
| 4 | |
| 5 | |

3. 梳理一下，这四个自然段带着我们欣赏了西沙群岛的哪些地方。尝试用上课文中词语概括描述这些地方：

海水（　　　）。

海底有（　　　）的珊瑚、（　　　）的海参、（　　　）的大龙虾和（　　　）的鱼。

岛上（　　　）的树林里栖息着（　　　）海鸟，鸟蛋（　　　），树下堆积着（　　　）的鸟粪。

版块四：关注写法，丰富体验，口头迁移表达。

1. 出示导语页阅读训练要素，读一读，说一说，第五自然段是围绕哪一句话写的。

2. 出示"交流平台"中的前三句对话，读一读，再看看下面两段话的关键语句分别是哪一句。

……

3. 快速读一读《海滨小城》的第四、五、六自然段，看一看这几个自然段在写法上与本课的第五自然段有什么相同点。

4. 出示"交流平台"中的第四句对话，用下面的句子开头，试着说一段话。

操场后面的小花园很美……

车站的人可真多……

我喜欢夏天的夜晚……

版块五：选择内容，介绍清楚，迁移课后练笔。

1. 说一说，你最喜欢课文介绍西沙群岛的哪个部分。

2. 用心品读自己喜欢的部分，想一想，如果要以小导游的身份将这个部分的内容介绍给别人，课文中的哪些词句可以帮助我们介绍得清楚明白，将这些词句圈出来。

3. 展示分享自己的思考和介绍。

4. 课后小练笔，选择一幅图，认真观察，可以围绕关键语句写一段话，也可以根据观察到的内容写几句连贯的话。

上面的设计，体现了大单元教学学习内容、情境、资源等方面有逻辑的整合，并以辐射的方式方法与单元文本密切关联，帮助学生有序建构目标导向的学习体验，为大概念的理解积极助力。

## 四、互促式

素养立意的大单元教学，需要学生真正学会举一反三、融会贯通。虽然新课标将课程内容分成了三个层次六大学习任务群，但并不是说一个具体的主题教学单元，就只涉及一个学习任务群，更不应该单纯地从文体上简单匹配学习任务群，而是要从大概念发现和理解的需要出发，科学认识单元文本等内容，有逻辑地建构文本之间的联系，帮助学生切实发展学科核心素养。

有的大单元中，几个不同文体的文本之于大概念理解的价值，是相互启发相互促进的关系，在语言运用中聚焦思维能力的发展。

统编版六年级上册第六单元以"环境保护"为主题，编排了《古诗三首》《只有一个地球》《青山不老》《三黑和土地》四篇文本，聚焦的学科大概念是"明确清晰、有理有据的观点表达，才有说服力"。虽然四篇文本中，除了《只有一个地球》都属于文学文本，但从大概念定位来看，在课程内容上主要应该归属于"思辨性阅读与表达"学习任务群，核心学习任务也应该以"思辨"为核心，可以设计为"举办'大地在心'环保倡议活动"，最主要的学习成果是撰写一份"以理服人，以情动人"的环保倡议书。那么，该怎样用好单元文本呢？

"我们是大地的一部分，大地也是我们的一部分。"这是单元导语页用来揭示人文主题的一句话。这句话出自西雅图的《这片土地是神圣的》一文，意思是人类与大地不可分割，没有大地就没有我们人类。显然，四篇课文的内容或主题都与这一人文观念是一致的，或者说都能让人们认识到这一点。正因如此，如果要让人们认识到保护地球资源和环境的重要性的话，我们可以这样建立关联性理解：三篇文学类文本，从审美体验上，从情感浸润上，让学生感受了大地之美和人们在生存生活中体现出的对大地的热爱；《只有一个地球》作为一篇论说文，有理有据地表达了"我们要精心地保护地球，保护生态环境"的观点；地球那么美好，人类与大地血脉相连，三篇文学类文本与《只有一个地球》联系起来，可以作为有力的"证据"强化"我们要精心保护地球，保护生态环境"这一观点——不仅从情上，也从理上，让人们认识到了必须始终做到"大地在心"。在具体实践中，这些文本又是怎么在运用中建立目标导向的联系的呢？我们可以从子任务的分解和说明中看明白。

子任务一：探究青山绿水去哪了。

任务说明：

通过回顾统编版三年级上册第六单元"祖国山河"的内容及朗诵《这片土地是神圣的》一文，结合单元导语，开启本单元的学习。然后阅读一组不同历史时期的诗文（包括教材上的和课外补充的），了解自然环境的变迁并思考自然环境发生变化的原因，思考曾经的青山绿水去哪了。子任务下的语文实践活动分为以下四个版块。

1. 开启课：回顾三年级上册第六单元"祖国山河"的内容，并朗诵《这片土地是神圣的》一文，激发学生热爱美好河山的情感，结合单元导语"我们是大地的一部分，大地也是我们的一部分"，开启本单元的学习，并发布"大地在心"环保倡议核心学习任务和成功标准。

2. 阅读一组不同历史时期的诗文［《浪淘沙（其一）》《江南春》《书湖阴先生壁》《山西，山西》］。读懂诗文内容，能借助注释，通过想象画面理解诗词大意；通过关键语句体会作者想要表达的情感，感受诗文中的自然之美及人与自然间的关系。

3. 注意几篇文章不同的创作年代，了解自然环境的变迁。

4. 结合文章的内容并查找资料，思考自然环境发生变化的原因。

子任务二：探究人与大地的关系。

任务说明：通过学习《只有一个地球》，补充阅读《大瀑布的葬礼》，体会保护环境的必要性和迫切性，并通过理解课文是怎样逐层推进，一步步得出最后结论的，理解怎样表达观点才能让人信服。学习《青山不老》《三黑和土地》，从不同文本内容中感受和认识人与大地的关系，进一步确立保护环境就是保护人类自己的观念。子任务下的语文实践活动分为以下三个版块。

1. 学习《只有一个地球》，通过抓住关键句，把握文章的主要观点和内容。并分析课文是怎样逐层推进，一步步得出最后结论的。

2. 补充阅读《大瀑布的葬礼》，体会保护环境的必要性和迫切性，思考怎样才能避免大瀑布悲剧的重演。

3. 学习《青山不老》《三黑和土地》，既感受《青山不老》中老人崇高的精神境界、不朽的生命意义以及三黑对土地的特别感情，同时联系《只有一个地球》等文本的阅读，多角度认识人与大地的关系，进一步确立保护环境就是保护人类自己的观念。

子任务三：开展"大地在心"环境保护倡议活动。

任务说明：在充分的文本阅读基础上，结合文本内容和学习体验，设计环保宣传标语，有理有据地针对环保问题表达观点，撰写环保倡议书，做到像《只有一个地球》那样既以理服人，又以情动人。设计并将经过修改润色的标语、倡议书发布在校园的公告栏、小区的布告栏、网络论坛等。子任务下的语文实践活动分为以下三个版块。

1. 联系生活中破坏环境的现象，针对其中一个，设计保护环境或节约资源的宣传标语，张贴在合适的地方。

2. 结合口语交际，针对生活中一些常见的环保与民众日常生活和社会经济发展产生分歧的情况，模拟不同的角色进行商讨，有理有据地表达自己的观点，换位思考，积极沟通。

3. 结合本单元学习中自己的思考及在日常生活中发现的环境问题，写一份关于保护环境、节约资源的倡议书，并将其发布在校园的公告栏、小区的布告栏、网络论坛等。

像这样不同文体的文本，围绕同一个主题，在大单元一体化设计中，澄清联系，精心安排，可以为大概念的理解从多个角度提供立体化体验，让学生理解得更加深入、透彻。

第七讲

# 大单元理念下的整本书阅读教学

## 第一节

## "整本书阅读"学习任务群的理解

**一、"整本书阅读"学习任务群解读**

在小学，整本书阅读教学显得尤为重要，因为一个人会不会成为一个热爱读书的人，童年的读书经历起着举足轻重的作用。所以，小学的整本书阅读教学，首要的目标是通过整本书阅读课程的设计和实施，充分激发学生的读书兴趣和热情。阅读方法和策略的习得，阅读能力和品质的提升，是在以兴趣为基础的读书实践中得到落实的。阅读能力提升了，学生就能进一步收获积极的阅读体验，不断获得阅读的成就感，这样，自然就发展了阅读的深度兴趣，点燃了可持续性的阅读热情。

新课标以三个层次六大学习任务群来组织和呈现课程内容，"整本书阅读"属于六大学习任务群之一，足见课标对整本书阅读教学的重视。课标是这样阐述"整本书阅读"学习任务群的"功能和定位"的：

本学习任务群旨在引导学生在语文实践活动中，根据阅读目的和兴趣选择合适的图书，制订阅读计划，综合运用多种方法阅读整本书；借助多种方式分享阅读心得，交流研讨阅读中的问题，积累整本书阅读经验，养成良好阅读习惯，提高整体认知能力，丰富精神世界。

细读这段话，可以发现它从两个角度为教师认识和把握"整本书阅读"学习任务群提供了线索。

一是明确了整本书阅读的学习价值。整本书阅读的学习价值，可以从三个方面理解。其一，让学生在整本书阅读实践中学会阅读——在语文实践活动中，选择图书，制订计划，运用方法，积累经验，提高能力。其二，促进学生在整本书阅读中涵养精神——经由一本本书的阅读，开拓视野，发展思维，熏陶涵养，"腹有诗书气自华"。其三，通过课程意义上的整本书阅读，帮助学生奠基和创造属于自己的、积极的阅读生活——因为阅读而爱上阅读，养成读书习惯，沉淀为一种生活节奏和内在需求。

　　二是提示了整本书阅读教学的定位。这段话提示教师，整本书阅读教学要以激发学生阅读整本书的兴趣为基础，帮助学生在阅读实践中习得阅读方法和策略，养成积极的阅读习惯，进而在整本书阅读中实现核心素养发展，收获精神生命成长。具体而言，一要帮助学会根据兴趣和目标选择合适的图书阅读；二要帮助学生学会按计划阅读，有策略有方法地阅读；三要引导学生在阅读活动中创造阅读成果并积极分享，同时多维度积累阅读经验。

　　在概述功能和定位之后，课标分学段呈现了整本书阅读的学习内容。细读每个学段的学习内容描述，就会发现，每个学段首先都要把握课程目标部分"学段要求"中的相关要求，例如第一学段关于整本书阅读的学段要求是这样描述的："尝试阅读整本书，用自己喜欢的方式向他人介绍读过的书。养成爱护图书的习惯。……课外阅读总量不少于5万字。"整本书阅读学习任务群中关于第一学段的学习内容有三条：

　　（1）阅读富有童趣的图画书等浅易的读物，体会读书的快乐。

　　（2）阅读、朗诵优秀的儿歌集，感受儿歌的韵味和童趣。

　　（3）阅读自己喜欢的童话书，想象故事中的画面，学习讲述书中的故事。

　　也就是说，在落实第一学段学习内容时，要同时考虑学段目标要求。学习内容提示教师，第一学段通过读什么来落实学段目标要求，同时还针对不同阅读内容提出了更加具体的要求。以第一学段为例，可以用下面这样一张表格来理解整本书阅读学习任务群的学习内容。

| 书籍内容分类 | 阅读目标要求 | 学段要求 |
| --- | --- | --- |
| 富有童趣的图画书等浅易的读物 | 体会读书的快乐 | 尝试阅读整本书，用自己喜欢的方式向他人介绍读过的书。养成爱护图书的习惯。课外阅读总量不少于 5 万字。 |
| 优秀的儿歌集 | 感受儿歌的韵味和童趣 | |
| 自己喜欢的童话书 | 想象故事中的画面，学习讲述书中的故事 | |

纵观义务教育四个学段的整本书阅读学习内容，体验和思维的进阶性是十分明显的。第一学段以体验阅读整本书的快乐为主，第二学段要引导学生关注故事和情节，第三学段要能够领会整本书表达的思想情感和主题。

整本书阅读学习任务群的内容和目标如何落实呢？课标给出了四条教学提示。第一条是针对阅读教学时间的使用、阅读目的的定位和阅读氛围的营造给出的提示：

应统筹安排课内与课外、个人与集体的阅读活动，宜集中使用每学期整本书阅读课时，兼顾教师指导和学生自主阅读，保证学生在课堂上有时间阅读整本书。指导学生认识不同类型图书的特点和价值，根据自身实际确定阅读目的，选择图书和适宜的版本，合理规划阅读时间。应创设自由阅读、快乐分享的氛围，善于发现学生阅读整本书的成功经验，及时组织交流与分享；善于发现、保护和支持学生阅读中的独到见解。

第二条是针对整本书阅读中阅读主体的确立、阅读策略的学习和阅读活动的设计给出的提示：

整本书阅读教学，应以学生自主阅读活动为主。引导学生了解阅读的多种策略，运用浏览、略读、精读等不同阅读方法；通读整本书，了解主要内容，关注整体与局部、局部与局部之间的关系；重视序言、目录等在整本书阅读中的作用。设计、组织多样的语文实践活动，如师生共读、同伴共读，朗诵会、故事会、戏剧节，建立读书共同体，交流读书心得，分享阅读经验。

第三条提示教师在整本书阅读教学时，要根据活动开展的需要提供合适的学习资源，要为学生提供阅读思考和成果展示的平台，让学生充分体会整本书阅读的成就感：

根据开展读书活动的实际需要，合理推荐和利用适宜的学习资源，如拓展阅读的书目、参考资料，以及相关音频、视频作品等，激发学生的阅读兴趣，丰富阅读体验，拓宽阅读视野。借助信息技术，为学生拓展学习空间，提供写作、展示、研讨和交流的平台。

第四条是学习评价提示。每个学习任务群的教学提示最后一条都是学习评价提示，体现了教学评一体化的理念，指导教学评一体化的实践。整本书阅读学习任务群的评价提示首先强调了评价要贯穿整本书阅读教学的全过程，接着从评价依据和评价主体的定位给出了比较具体的评价提示：

注意考察阅读整本书的全过程，以学生的阅读态度、阅读方法和读书笔记等为依据进行评价。教师可以围绕读书的主要环节编制评价量表，制作阅读反思单，引导学生从阅读方法、阅读习惯等方面进行自我反思、自我改进。

既然"整本书阅读"也是"学习任务群"之一，那么，整本书阅读教学必然要以任务驱动的方式组织实施，帮助学生在适切的整本书阅读学习任务完成的过程中，经由具体的语文实践活动，学会阅读，爱上阅读，享受阅读，促进语文核心素养的发展。虽然整本书阅读学习任务群的教学提示中，没有直接指出教师要设计什么样的学习任务来组织实施整本书阅读教学，但是为了促进学生核心素养的发展而"设计学习任务"，是课标对整个语文课程实践方式的基本要求。这一点，教师需要深刻认识并积极践行。

## 二、整本书阅读学习任务设计的一般理解

### 1. 整本书阅读学习任务的创生

整本书阅读学习任务从哪儿来？首先，与其他学习任务群一样，都要遵

循"教学建议"中的要求,在"明确学习任务群的定位和功能,准确理解每个学习任务群的学习内容和教学提示"的基础上,综合考虑整本书的特点和学生情况,"设计不同类型的学习任务"。其次,教学提示中,提示了一些具体的整本书阅读实践活动,比如师生共读、同伴共读,朗诵会、故事会、戏剧节等,这些活动只有依托具有整合性的学习任务,才能凸显出目标性、系统性和隐含内在联系的体验性来,以帮助学生习得方法、发展能力、建构理解。第三,各学段的学习内容定位中,也隐含了学习任务的设计,例如"讲述英雄模范的动人故事""针对作品中感兴趣的话题展开交流"等。当然,最关键的是教师能够根据具体的整本书阅读学习目标、书籍内容主题特点,充分结合学生情况,精心设计整本书阅读学习任务。具体学习任务的设计,要以概念性目标的落实为导向,系统考虑书籍内容和主题特点,从学的逻辑出发,为学生核心素养发展服务。例如,《鲁滨逊漂流记》是一部冒险小说,为了帮助学生理解"冒险精神是一种探索世界的勇气,是一种运用丰富的知识和智慧勇往直前追求到底的积极精神",就可以充分结合对鲁滨逊这一人物形象的理解,创意设计这样的核心学习任务——设计并开展一期"鲁滨逊"访谈综艺节目。

### 2. 整本书阅读学习任务的一般类型

整本书阅读教学的书目选择,可以从三个角度考量。一是依据课标在各学段学习内容中的提示,二是根据语文教材的系统安排(例如统编版教材的"快乐读书吧"),三是呼应教室课程生活的需要,包括教材单元学习资源的拓展和运用需要、学生精神成长的需要。

根据书籍的文体特点,整本书阅读大致可以分为文学类书籍和知识类书籍的阅读。根据目标定位和书籍内容主题特点,文学类书籍的整本书阅读学习任务,可以分为三种类型,即综合探究型、角色体验型和书评分享型;知识类书籍的整本书阅读学习任务,可以分为表达迁移型和理解创造型。

每种类型学习任务的设计,都可以梳理出大致包含的语文实践活动。综合探究型学习任务的设计,可以从"类"的探究入手,聚焦故事角色的选择、行动，进行多维理解和体验。例如《鲁滨逊漂流记》《汤姆·索亚历险记》《尼尔斯骑鹅旅行记》《爱丽丝漫游奇境》就可以放在一起设计综合探究型学习任务，让学生从主要任务的基本情况、主要事情、行动的原因、遇到的挑战、结果等维度进行对比探究。聚焦角色，可以设计撰写人物小传，进行人物评价，交流成长启示等实践活动。多维度的深入体验，可以引导学生进行角色代入，进行创意读书节目的设计，尝试模仿创作故事等。

角色体验型学习任务设计的一般是先理解人物，再改编剧本，然后进行排练演出。理解人物可以安排人物形象设计、人物名片制作、人物生平梳理与评价等实践活动；改编剧本，可以是针对整本书，也可以是选择代表性的片段；排练演出要体现学生的主体性，尽量让每一个学生都能有参与的机会。

书评分享型学习任务设计首先关注的还是人物形象，对人物的行动动机、所处环境、行动策略和结果等进行梳理，以帮助学生更深入地理解整本书的主题思想，不断引导学生运用联结策略理解人物形象和作者意图，然后再选择自己感兴趣的角度作出评价，分享体验和看法。这样的学习任务，可以促进学生从兴趣阅读走向思考性阅读。

知识类书籍整本书阅读中的表达迁移型学习任务，一般先确定重点学习信息提取，再关注作者是怎么将知识有条理有策略地介绍清楚的，然后尝试运用方法策略迁移表达。例如米·伊林的《十万个为什么》就可以设计表达迁移型学习任务，引导学生展开阅读实践活动。理解创造型的学习任务，可以安排根据书籍内容设计科学画报一类的实践活动，在设计制作中积极联结生活加深理解，再根据书籍内容开展合作设计主题海报展、"博物馆"等创意活动。

无论哪种类型的学习任务设计，都与大单元教学理念中任务驱动原则的运用和实践是一致的。所以，大单元教学理念设计开展整本书阅读教学，是对新课标所提倡的课程理念的积极呼应。

### 3. 整本书阅读学习任务设计的基本追求

大单元教学理念指导下的任务驱动式整本书阅读教学，充分体现了核心素养发展的需求，主要表现为以下四点。

（1）从问题驱动走向任务驱动。

任务驱动当然也要聚焦核心问题的探讨和形成学生自己的理解，但任务驱动中的核心问题，是指向大概念理解的问题，而不是传统意义上表面化、碎片化的问题。例如，阅读安徒生的《雏菊》，传统的问题驱动式设计，教师用一连串问题来推进学生的阅读思考：开在花园外面水沟旁的雏菊是怎么看待其他花儿对自己的态度的？你能根据文章内容，把可怜的云雀的生命轨迹概括出来吗？在云雀短暂的生命当中，雏菊是如何对待云雀的呢？联系生活实际，你能从小雏菊身上感受到什么样的品质呢？这种问题驱动下的阅读活动，学生的主体性被遮蔽。同样是《雏菊》的共读，大单元教学理念下的任务驱动式设计，教师以"按要求创作一本雏菊的故事连环画"为核心学习任务，让学生自主阅读，自主创作，展示自己的思考，表达自己的理解。这一核心学习任务的三个要求，既隐含了阅读方法策略的运用，又指向深度理解的达成：①以雏菊的经历和态度的变化为线索设计连环画的分页内容；②用雏菊的表情来表现它的态度和想法；③给每幅图配上简洁的文字。

（2）从答案寻找到全身心体验。

建构目标导向的学习体验是大单元学习任务设计和落实的追求，问题驱动式的整本书阅读，学生只是被动地为问题寻找答案。例如，《三国演义》的整本书阅读教学，以核心学习任务"经典'人''事'话三国"为驱动，鼓励学生运用合适的方法策略，不仅能够读通读完《三国演义》原著，而且能够选择自己感兴趣的角度进行深入探究、体验，并运用合适的方式展示阅读收获，分享阅读智慧。《孤独的小螃蟹》的整本书阅读，可以设计"为小螃蟹举办一场颁奖典礼"的核心学习任务，学生在策划和准备这场颁奖典礼的过程中，需要运用联结、统整等策略，在充分阅读和理解故事内容的基础上完成核心学习任务，达成对故事人物和主题的概念性理解。这一核心学习任务具有三个突出特点。①综合性——学生策划颁奖典礼不仅需要考虑邀请谁来参加，邀请谁来主持，还需要搜集小螃蟹的助人事迹，整合信息为小螃蟹写一份恰当的颁奖词。②挑战性——完成任务过程中，学生需要站在小纸鸟、狮子、小乌龟、小青蟹等角色的角度，以第一人称的口吻讲讲自己与小螃蟹之间的故事。还需要尝试绘制"我的朋友——小螃蟹"绘本故事书。③探究性——完成任务，学生需要整合小螃蟹的成长故事，筛选能够在颁奖典礼上作为"助人事迹"呈现的事例。

（3）从固化课型模式到开放模式。

传统的整本书阅读教学，一般都是按照导读课、推进课、分享课三种课型模式线性展开，整个过程都是教师主导掌控，学生被动参与。大单元教学理念下的任务驱动式整本书阅读教学，根据学生完成核心学习任务的实际需要和具体情况组织开展读书实践活动，学习过程是开放性的，学生根据核心学习任务完成的需要，灵活运用学习资源，自主进行时间管理，积极开展同伴协作，学习评价也是同步展开的。例如，三年级的寓言故事整本书阅读教学，设计核心学习任务"在生活中运用寓言智慧"，以促进学生理解大概念"寓言是生活的一面镜子，运用联结策略可以更好地理解寓意"。核心学习任务分解为三个有层次的子任务：一是"寓言大发现"——对比阅读中外寓言故事，发现共同特点；二是为自己的教室选择五篇寓言故事，创作成五篇连环画并说明选择的理由；三是尝试有目的地创作一篇寓言故事。学生有了明确的目标任务，阅读整本书的过程就是开放的，是真正自主的。

（4）从浅层理解到概念性理解。

大单元教学理念下的整本书阅读教学同样追求大概念的理解，而不只是停留在知识、技能的习得和运用上，正如"整本书阅读"学习任务群的功能和定位指出的，要通过整本书阅读教学促进学生"积累整本书阅读经验，养成良好阅读习惯，提高整体认知能力，丰富精神世界"。例如，神话整本书阅读教学，要通过核心学习任务的设计和实施，帮助学生理解"神话是远古先民解释人与自然关系的产物，它形塑了一个民族的独特精神文明气质"。

## 第二节

## 大单元理念下整本书阅读教学实施思路与示例

### 一、大单元理念下整本书阅读教学的实施思路

对于一线教师来说，学习任务群带来的实践挑战就是如何设计出具有驱动力、整合力和发展力的学习任务。要在大单元教学理念下设计出一个具有驱动力、整合力和发展力的整本书阅读学习任务，以确保学生在完成任务的过程中，发展阅读趣味，习得阅读策略，积累阅读经验，生发独立见解，成为积极自主的阅读者和学习者，教师需要有步骤地做好以下几件事。

1. 有策略地做实整本书教学解读

整本书教学解读，一般先从整本书的内容主题入手分析这是一本什么样的书，再结合课标、教材等明确阅读学习的价值，然后从学生角度讨论兴趣点、生长点和挑战等，明确基本读法。也就是要做好三件事：一是读明白这是一本什么样的书（内容+主题+语言特点）；二是想清楚为什么选择读这本书（课标依据+教材意图+学生需要）；三是讨论怎样读这本书（兴趣激发+困难挑战+策略运用）。在讨论怎样读这本书的时候，同时就在酝酿学习任务的设计了。

例如，进行《中国神话故事》的教学解读时，分析了这本书的内容和主题后，这样判断其学习价值：

1. 神话给儿童信心。

在儿童的心中，一提到神话英雄，总让他们不由自主地崇拜和模仿。他们往往能战胜自然，面对困难和挫折不轻易放弃。孩子们在阅读的时候，可

以在这些英雄身上汲取力量。

2.神话可以激发儿童的想象力。

儿童，天生就有想象潜能，而神话刚好可以满足儿童的想象力和好奇心。一个个鲜活的精怪形象，既满足孩子异想天开的好奇心，又可以在阅读的过程中不断刺激他们的想象力。

3.神话语言内涵丰富。

神话以神为主人公，它们包括各种自然神和神化了的英雄人物。神话的情节一般表现为变化和神力。这样的人物和情节，对语言有自然的影响力和表达需求，赋予了神话语言丰富的内涵，深刻地影响了书面叙事的语言表达。儿童可以从神话故事中汲取丰富的语言营养。

再如，解读《十万个为什么》时，一位老师分析了这本书的阅读学习价值后，讨论了怎样阅读这本书才是学生需要的：

思考"读以致用"的核心任务设计：

科普类作品的阅读大大有别于文学类作品，首先在于更需要用到一些阅读策略和方法，比如联结的策略、推测的策略、提问的策略，跳读的方法、做流程图的方法。因此，是有必要给予学生科普类作品阅读的一般性策略与方法指导的。其次，我认为从任务驱动的角度进行阅读活动的设计，应该要有一些"读以致用"的思考，因为科普类作品不仅仅是只有美好的阅读体验，往往还会有知识上的收获，可以尝试组织实践性的分享活动，比如"最强大脑知识竞赛""竞聘知识讲解员"等，让知识能够活用起来、交互起来。是否可以以此作为核心任务进行设计，这是我在设计之初的一些思考和尝试的方向。

除此之外，细读文本其实可以发现，在本书中，除了知识涉猎领域有所不同之外，还有多个文本类型在表达上的相异。在此基础上，我进一步思考：为什么要了解不同文本类型的特点，目的何在呢？我想目的有二：首先是便于学生更快速地梳理一些答案和一些关键信息，帮助学生了解相关的知识；其次是从一本到一类的支架搭建，是对于科普类作品科学性表达的一种初步认知的梳理。

### 2. 精心提炼 KUD 目标和大概念

在与老师们讨论大单元教学时，我指出，大单元教学首先是一种理念，整本书阅读的学习任务设计同样需要有逆向设计的思维，同样遵循任务驱动的原则，同样需要追求持久理解。所以，精心提炼 KUD 目标和大概念，是整本书阅读学习任务设计的必要一环。

KUD 目标提炼和表述科学与否，体现的是教师对课程学习价值的理解是否透彻。提炼和表述越科学清晰，大概念提炼越明确，后面的任务和活动设计就会越聚焦，越有效。

KUD 不是独立于学生的成长之外的，它是指向学科核心素养的，既明确了学生阅读具体书目需要习得的知识，又明确了需要持久理解的认知观念，还明确了具体的学习行为。下面这张图，简明地揭示了 KUD 目标的价值：

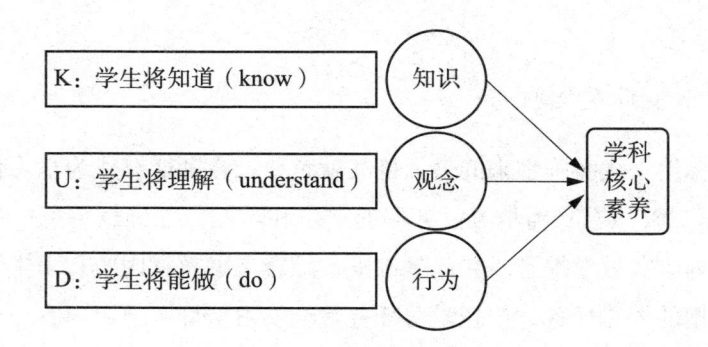

```
K：学生将知道（know） ——→ 知识 ——→
U：学生将理解（understand） ——→ 观念 ——→ 学科核心素养
D：学生将能做（do） ——→ 行为 ——→
```

以统编版四年级神话单元的整本书阅读学习任务设计为例，可以这样提炼 KUD 目标：

学生将知道（K）：

1. 神话诞生的原因和流传方式。

2. 神话想象的三个角度：身体异能、生命绵长、工具超能。

3. 运用归类对比方法和思维导图等工具可以分析神话故事。

4. 故事起因、经过、结果的定义；如何撰写一个完整的故事。

学生将理解（U）：

1. 神话故事是先民解释人与自然关系的产物。

2. 不同的神话人物形象寄托了先民不同的理想和愿望。

学生将能做（D）：

1. 为自己喜欢的神话人物创作一张图文并茂的名片。

2. 有创意地讲述一个神话故事。

2. 创编"我是英雄之神"的故事。

基于 KUD 目标，提炼如下大概念：

1. 神话是远古先民解释人与自然关系的产物，它形塑了一个民族独特的精神文明气质。（宏观－人文）

2. 一个事件一般按事情发展顺序可以分为起因、经过、结果三个阶段，分清起因、经过、结果可以帮助我们把握故事内容和发展线索。（微观－学科）

### 3. 科学设计核心任务

新课标给一线教师带来的最大挑战就是要求教师能够成为学习任务的高明设计师。"教师要明确学习任务群的定位和功能，准确理解每个学习任务群的学习内容和教学提示。在此基础上，综合考虑教材内容和学生情况，设计不同类型的学习任务，依托学习任务整合学习情境、学习内容、学习方法和学习资源，安排连贯的语文实践活动。"

为什么说学习任务设计是一个巨大挑战呢？因为这是在要求教师彻底改变以往以知识和技能训练为抓手的教学方式和思维惯性，要以任务驱动的方式来促进学生的自主学习、自主建构，要让学生在完成任务的过程中自然而然地发展语文核心素养。

无论是哪个学习任务群下的学习任务，都必须具有驱动力和整合力，这是"学习任务群"的核心要求，整本书阅读的学习任务设计当然也不例外。

学习任务设计一般有两个层次，第一个层次就是核心任务，是整合整本书阅读目标、内容、情境、方法、资源和评价的"总任务"。一个具有驱动力、整合力的核心任务，能够有逻辑地整合学习内容、情境、方法、资源和评价，而且蕴含了清晰的实施思路和对学生学习状态的预期，它贯穿于学习过程始终。学生是带着清晰的学习目标，即学习成果预期参与到学习任务中的。一个核心任务，学生必须经历教师精心设计的学习体验才能完成，如果不需要读整本书就能完成的任务，就不能成为核心任务。整本书阅读的核心任务如是，其他学习任务群下的学习任务亦如是。

以《中国神话故事》的阅读为例，一个什么样的核心任务是具有驱动力和整合力的呢？我们可以先来对下面两个核心任务进行判断，看看哪个符合核心任务的要求——

1. 创编一部中国神话故事连环画。
2. 以"我是英雄之神"为主题，根据神话英雄人物一般具有的特点，把自己想象成一个神话人物，创作一个英雄神话故事。

显然，第一个任务不需要对神话有深入的阅读理解，只需要把握了某个神话故事的情节，就可以完成。至于先民为什么会创造神话，神话故事一般有什么样的特点，神话英雄又有什么样的特点，是不需要探究的。第二个任务需要学生经过有设计有层次地认真研读神话故事，才能够按要求完成。

### 4. 有逻辑地分解子任务

仅仅有核心任务，学生往往不知道如何有步骤有层次地展开学习实践活动。为了使核心任务更清晰地呈现出目标落实的路径，一般需要对核心任务进行分解，学生通过一步步完成子任务进而完成核心任务。

也就是说，子任务分解的目的是为了逻辑清晰、层次递进地落实核心任务，并体现出不同层次学习目标的内在联系和合力，既为教师的学习过程设计理清思路，更为学生完成核心任务明确学习的路径。

还以《中国神话故事》整本书阅读为例,"以'我是英雄之神'为主题创作一个英雄神话故事"的核心任务,可以分解成以下几个子任务:

子任务一:制作中国古代神话人物谱或神话人物名片。要为神话人物绘制创意肖像图,设计简洁明了的人物介绍(姓名、家庭背景、主要事迹、性格特点、特别能力、出处等,还可以根据书中信息梳理他们之间的关系)。

子任务二:最美中国神话人物评选。推选自己最喜欢的神话人物,为其拟颁奖词。评选结束后,全班一起设计最美神话人物微型海报展。

子任务三:以"我是英雄之神"为主题创作一个英雄神话故事。先选择一个英雄神话故事研究人物的特点,厘清故事的情节结构(起因、经过、结果),欣赏故事中精彩的情节和描写,再构思撰写自己想象的神话故事。也可以在研究一个英雄神话故事的基础上,观看一部科幻+神话故事电影(如"复仇者联盟系列"),探讨现代人创作的神话故事,然后再撰写自己想象的神话故事。

### 5. 精心设计学习过程

学习过程设计要围绕 KUD 目标和大概念的理解精心安排学习活动——语文实践活动,要符合子任务的逻辑层次,注重学生学习体验的设计。

一般可以按照子任务来分步骤进行设计。设计中,要明确每个子任务的学习目标——与 KUD 目标相对应,要体现出学生学的思路和逻辑。

通常,学习过程的设计,在进行子任务分解的时候,教师就应该基本想清楚了,也就是每个子任务的落实,学生需要有层次地做哪些事情。

学习过程设计的要求,可以概括为以下四点:

(1)按子任务分版块进行设计,以确保学生经历有层次的、具有内在联系和逻辑的学习体验,建构自己对学习目标的理解。

(2)从学生学的角度来设计体验活动,避免教师的自说自话和一厢情愿。

(3)一定要将核心任务发布和复盘反思设计进学习过程中,前后呼应,确保学习体验的完整性。(根据教师设计思路或者不同书目特点,核心任务的发布,有两种选择:一是在子任务一实施前,专门设计核心任务发布环节;二是将核心任务的发布融入子任务一里。)

(4)每一个具体的学习活动产出的评价证据要清楚明白,成功标准或评价量规要成为学习体验的有机组成部分。

例如,《鲁滨逊漂流记》整本书阅读,核心任务是"设计并开展一期访谈'鲁滨逊'综艺节目",学习过程设计中,核心任务的发布,就可以在子任务实施之前进行,成为一个独立的学习活动——

第一步,利用学者对这本书的评价激发阅读兴趣。

第二步,发布核心任务,讨论这期综艺节目可以包括哪些内容。

第三步,讨论为了举办好这一综艺节目,需要怎么读这本书。

第三步的讨论,就是为后面的子任务分解奠基,同时让学生和教师一起成为学习任务的设计者,更加充分地体现了学为中心的追求。这正是"学习任务群"的要义。

限于篇幅,这里就不展示完整的整本书阅读学习过程设计的例子了。

6. 设计科学适切的评价量规

无论是哪个学习任务群下的学习任务设计,都应该体现"学教评一致性原则",都要运用逆向设计的思路,重视评价证据的预设和评价量规的设计。

评价量规的设计我们放在最后来谈,并不是说在学习过程设计完成后再来考虑评价量规的设计。评价量规实际上是从 KUD 目标提炼和表述的时候就孕育的,在核心任务设计和子任务分解时就有了基本定位。形成性评价与学习活动是同步的,要让学生在进入学习任务时就心中有量规,有成功标准,这样才能实现自我监控和调整。

例如,进行古典名著的整本书阅读教学,核心任务是名著片段展演汇,其中有改编片段剧本的学习活动,教师就要为剧本改编设计评价量规——

| 评价内容 | 评价目标 | 评价量规 |
| --- | --- | --- |
| 名著片段剧本 | 基于对古典名著的阅读和理解，选择自己喜欢的片段改编成剧本，剧本内容能准确体现课文或是原著中的故事情节和内容。 | 普通级：<br>1. 结构上尊重故事原型，情节完整度有待进一步修改。<br>2. 内容上积极向上，主要人物和典型事件选取合理，在剧本文字表述上未能尊重原著内容。<br>3. 创意上能够基本呈现主要故事情节。 |
| | | 良好级：<br>1. 结构上尊重故事原型，情节完整流畅。<br>2. 主要人物和典型事件突出，形象丰满。语言符合半白话文的特点。<br>3. 创造性地呈现故事情节，人物形象较为突出。 |
| | | 大师级：<br>1. 结构尊重故事原型，情节完整流畅，并能合理发挥想象，创造性地补充情节。<br>2. 主要人物和典型事件突出，形象丰满。语言符合半白话文的特点，能产生共鸣。<br>3. 能创造性地呈现故事情节，使故事更精彩，人物形象突出。 |

## 二、整本书阅读教学设计示例

1.《孤独的小螃蟹》教学设计与说明

1.《孤独的小螃蟹》教学解读。

《孤独的小螃蟹》的作者是著名童话作家冰波。故事讲述了一只失去了小伙伴的小螃蟹如何战胜孤独的故事。小螃蟹喜欢的邻居小青蟹为了寻找更好的住所而离开了，小螃蟹陷入了孤独之中，他的生活似乎只剩下漫无目的的寻找和无尽的等待。虽然内心感到非常孤独，他的善良仍然驱使他帮助小纸鸟找回自我，克服害怕心理帮狮子剪头发，还为了救掉进土坑里的小乌龟失去了一只大钳子。因为帮助别人，因为接纳自己，小螃蟹不再孤独。终于，去了很多地方却发现到哪儿都不如小泥洞好的小青蟹也回来了。

这本书角度独特，通过小动物的故事表达出作者真善美的信念，向孩子传达出健康、积极、向上的价值观。故事情节生动，描写细腻，充满童真童趣的内容加上彩绘的插图，契合低年级学生的阅读心理，能很自然地为学生带来积极的阅读体验。浅显而生动的语言，真挚而强烈的情感，让学生能很快进入故事情境中，再引导积极运用联结策略，角色代入式的体验，会给学生带来更丰富的收获。

2.KUD目标与大概念。

综合考虑故事特点和学生实际，结合新课标中"整本书阅读"学习任务群中的相关要求和提示，教室共读《孤独的小螃蟹》的目标定位梳理如下。

KUD目标梳理——

学生将知道（K）：

（1）书名、封面、目录等提供了整本书的内容信息。

（2）小螃蟹的善良驱使它不断地帮助别人，也因此让自己战胜了孤独。

学生将理解（U）：

（1）童话故事中蕴含着美好的情感，阅读童话故事，能够带来丰富的情感体验。

（2）小螃蟹从孤独到不再感到孤独的过程，是他成长的过程。

学生将能做（D）：

（1）与别人分享书中的故事。

（2）为小螃蟹做形象设计，绘制成长历程思维导图。

（3）结合书中小螃蟹的助人事迹，为它办一场特别的生日会。

大概念提炼——

（1）赠人玫瑰，手有余香——帮助他人，自己也会感到温暖。

（2）运用联结策略可以体会故事中角色的丰富情感，同时丰富自己的情感体验。

3.核心学习任务设计。

对于二年级学生来说，以角色体验的方式参与完成的学习任务，更能够促进他们对故事内容和主题的理解，也能够潜移默化地习得阅读的策略和方法。根据故事特点和共读目标，结合学生实际，整本书阅读的核心学习任务设计为"为小螃蟹举办一场特别的生日会"。

"特别的"生日会，指的是小螃蟹经历了那么多事情后，回来了的小青蟹和其他小动物一起为小螃蟹策划举办的生日会。这个核心学习任务既是对故事的"续编"，又是深化学生对故事内容和主题的理解——生日会上，学生们要代入角色，给小螃蟹送上生日祝福，祝福语要联系"自己"与小螃蟹之间的故事，表达出自己对小螃蟹的感谢和评价。

4.子任务分解。

为了帮助学生有层次有逻辑地在核心学习任务完成过程中，建构积极的阅读体验，形成自己的阅读理解，需要根据故事内容特点和学生实际，将核心学习任务分解为以下三个子任务。

子任务一：初识小螃蟹，词说小螃蟹。在阅读书名、封面、小标题、插图的基础上，初步猜测小螃蟹为什么孤独，带着猜测自主阅读故事，到故事中认识小螃蟹，然后选择一个或几个词语来形容自己心目中的小螃蟹（也可以画一画自己心目中小螃蟹的样子）。

子任务二：角色体验讲故事——以故事中的人物身份讲讲小螃蟹的故事。这个子任务包括两个创意活动：一是选择故事中一个与小螃蟹之间发生故事的小动物，以小动物的身份讲一讲小螃蟹的故事，表达对小螃蟹的评价；二是把自己想象成小螃蟹，结合小螃蟹的经历说说"自己"是不是一直很孤独，心情是怎么变化的。在此基础上，合作画一画小螃蟹的成长路线图。

子任务三：为小螃蟹举办一场特别的生日会。教师续写一段故事，创设任务情境，学生创意设计生日会，包括场地布置、祝福卡撰写、生日会节目设计等，以故事角色身份参与生日会活动，一起创造故事，切身体验。

5.子任务三课堂展示活动设计。

（1）给故事标题排排序。

在故事中，小螃蟹都经历了些什么？让我们来排排序吧——出示打乱顺序的每一章标题，让学生按照先后顺序排一排。

小青蟹不见了

小螃蟹的梦

小纸鸟

咚咚鼓

树的眼泪

咔嚓咔嚓剪头发

一只大钳子

小青蟹回来了

（2）结合每一章内容的回顾，交流：小螃蟹孤独吗？

以第四章"咚咚鼓"为例：

不过，他实在太喜欢他的鼓了，只好每天推着可乐罐，咕碌碌咕碌碌推到没人的地方，继续敲。

咚咚咚，咚咚咚……

慢慢的，小螃蟹觉得，他能用鼓声说出心里想说，可又不知道怎么说的话了。再后来，这鼓声就是他自己，他变成了一只鼓，一只会快乐、会悲伤的可乐罐鼓。

咚咚咚，咚咚咚……

这鼓声，好像是这静静的大地在说着什么，好像是这淡淡的月亮在说着什么，好像是这凉凉的风在说着什么……

草叶上，有一滴露珠掉了下来。小草是因为感动。

咚咚咚，咚咚咚……

这个片段中的小螃蟹孤独吗？说说自己从具体词句中联想到的。

小螃蟹还在敲他的鼓。

等他停下来的时候，他才看见，小青蛙、小乌龟坐在他的旁边听。他们的眼睛都直直的，好像在望着老远老远的地方。

"你们……"小螃蟹以为他们又要来赶他了。

"我们……是想来……听着，听着，就忘了……"小青蛙和小乌龟很难为情地说，他们想来请他回去，因为听着他的鼓声，身上好像会产生一种力量，再说，小鱼儿也想听，他又不能游到这里来……

"好吧。"小螃蟹说。

咕碌碌，咕碌碌，小螃蟹推着可乐罐鼓，回家去。

水面上，小鱼儿正在游来游去，等着听这鼓声。

读这个片段的时候，你心中的感觉可以用哪个词来形容？

（3）分享交流自己绘制的小螃蟹成长路线图，讨论：小螃蟹和小青蟹说"长大了"，长大的是什么呢？

（4）为小螃蟹生日会撰写送给小螃蟹的祝福卡。

如果你就是故事里其中一个角色，你会给小螃蟹精心准备一份什么样的礼物，说一段什么样的话表示感谢和祝福呢？

选择其中一个角色，用心地想一想吧。想好了，可以把祝福语写在一张卡片上，和礼物一起送给小螃蟹呢。

这份任务驱动式整本书阅读教学设计，充分体现了新课标理念和大单元教学的追求，具有鲜明的目标性、层次性和体验性。

在目标导向上，一是贯彻了新课标中"整本书阅读"学习任务群对第一学段的内容和要求——阅读自己喜欢的童话书，想象故事中的画面，学习讲述书中的故事；二是以大概念理解为导向设计任务，安排实践活动。

在层次性上，三个子任务在核心学习任务的统领下，紧系大概念的发现和理解，层层推进，从"词说小螃蟹"到"角色体验讲故事"再到"设计举办特别的生日会"，前一个子任务是下一个子任务的基础，任务下的实践活动同样也就体现出学的层次性和进阶性。

体验性对于低年级学生来说，无论是激发阅读兴趣，享受阅读乐趣，还是促进对情感的体验、主题的理解，都是不可或缺的。这份设计里，完成目标任务的全过程，学生都以角色自居的姿态走进故事情节中，与故事人物展开对话，充分建立经验和情感的联结，为学生收获多维度的积极阅读体验提供了实践保障。

2.《三国演义》原著教学设计与说明

（1）关于《三国演义》原著阅读的几个基础性问题。

五年级学生要不要读《三国演义》原著，这是一个一定会有争议的问题，但是，一旦打开了书本，争议就应该在合适的阅读目标定位、任务实施和策略运用中被自然而然地搁置，师生一起专注于阅读体验的建构。

以下几个与阅读活动顺利展开密切相关的基础性问题，需要教师结合整本书阅读的教学解读思考明白：这是一本什么样的书？我们可以怎么读这本书？五年级学生为什么要读这本书？五年级学生应该或者可以怎样阅读这本书？

这是一本什么样的书呢？从整本书阅读教学需要的角度来认识，《三国演义》是中国四大古典名著之一，属于章回体古白话小说，是历史演义类小说。整部小说可大致分为黄巾起义、董卓之乱、群雄逐鹿、三国鼎立、三国归晋五大部分，描写了从东汉末年到西晋初年之间近百年的历史风云，以描写战争为主，诉说了东汉末年的群雄割据混战以及魏、蜀、吴三国之间的政治和军事斗争，最终司马炎一统三国，建立晋朝的故事；反映了三国时代各类社会斗争与矛盾的转化，并概括了这一时代的历史巨变，塑造了一群叱咤风云的三国英雄人物。《三国演义》试图传达的是朴素的历史发展观。

既然《三国演义》是一部历史演义类小说，不同的阅读者，自然可以选择以不同的姿态来阅读，可以是体会精彩情节带来的阅读快乐，可以是了解小说是怎样来"演义"三国故事的，可以是认识小说中各种各样的人物，可以是汲取其中自己感兴趣的知识和智慧……也可以兼而有之。

五年级学生为什么要读这本书呢？我们可以从三个角度来考量。从教材编写意图来看，这是教材单元提倡的阅读内容，希望学生通过初步接触或阅读实践，亲近古典名著，了解古典小说的章回体形式和特点，巩固运用从课文学习中习得的古典小说的基本读法，在古典名著的情节内容中品百味人生，领略历史的风云变幻。新课标"整本书阅读"学习任务群第三学段"学习内容"指出："阅读文学、科普、科幻等方面的优秀作品，如《寄小读者》

《十万个为什么》《海底两万里》等，学习梳理作品的基本内容，针对作品中感兴趣的话题展开交流。"那么，从课程标准角度看，阅读《三国演义》，可以用来帮助学生学习梳理小说基本内容，针对小说中自己和同学感兴趣的话题展开交流，分享想法和观点，拓宽、加深对阅读、对小说的认识和理解。从学生语文素养发展和精神成长角度看，阅读《三国演义》，可以初步培养阅读古典名著的兴趣，认识了解三国风云中的各种人物形象，了解小说中的经典情节，丰富知识积累和阅读经验的积累……

五年级学生应该怎样阅读《三国演义》原著呢？以发展阅读整本书的兴趣为基础，学习运用基本的阅读方法和策略，进行有规划的阅读，对感兴趣的人物进行评价，积累并分享精彩的故事情节，多种形式展示阅读成果……这些都是课程视域下学生阅读《三国演义》需要做的事情。

（2）KUD目标梳理和大概念提炼。

有了上面的解读和认识，接下来就是尽量科学地定位《三国演义》原著阅读的目标。KUD目标梳理如下：

学生将知道（K）：①《三国演义》是一本章回体古典历史小说，被称为中国四大古典名著之一；②每一章的标题概括了主要情节内容；③《三国演义》用小说的方式呈现了三国历史风云；④《三国演义》塑造了很多特点鲜明的人物形象。

学生将理解（U）：①小说通过一个个特点鲜明的人物形象塑造和精心的情节安排，不仅给读者带来阅读的快乐，也给读者带来思考；②每个人从经典作品的阅读中都能获得成长。

学生将能做（D）：①在一个月内有规划地读完《三国演义》；②对感兴趣的人物进行研究，写出简单的人物评论；③选择一种创意方式（说评书、话剧表演、创作连环画等）表现自己喜欢的故事情节。

阅读《三国演义》，要帮助学生发现和理解的大概念是："阅读经典小说可以收获多方面的成长和快乐。"

（3）核心学习任务设计。

整本书阅读教学核心学习任务的设计要遵循五大原则：目标导向原

则——一个合适的学习任务是为目标落实服务的；学生主体原则——一个合适的学习任务是为学生积极的阅读体验建构服务的；内容导引原则——一个合适的学习任务是与整本书的内容把握和主题理解相契合的；教学评一体化原则——一个合适的学习任务应该是一个评价任务；创造性原则——一个合适的学习任务是可以启发学生阅读智慧的。

依据上述五大原则，结合目标定位，核心学习任务设计为——经典"人""事"话三国。这一核心学习任务，鼓励学生运用具体方法不仅能够读通读完《三国演义》原著，而且能够选择自己感兴趣的角度进行深入探究、体验，并运用合适的方式展示阅读收获，分享阅读智慧。

（4）子任务的分解和说明。

学习任务是为目标落实，为大概念的发现和理解服务的。一个可以整合整本书阅读内容、情境、方法、资源、评价的核心学习任务，如何承载"连贯的语文实践活动"呢？《三国演义》原著约64万字，是一部鸿篇巨制，又是半文言的，仅仅是读完整本书，按熟练后20分钟一回计算，也需要2400分钟（40小时），实际上大多数学生可能需要60多个小时或者更多时间，按每天阅读2小时计算，通读就需要3周以上。（无论是哪本书的阅读，都要考虑通读一遍所需时间的实际问题。）实践中，可以考虑将通读与学习任务的初步完成同时展开，然后再根据学生选择的实践活动需要进行时间管理。所以，子任务的分解是基于学生学的需要，而不仅仅是完成任务本身的需要。在激发了阅读兴趣和期待的基础上，首先要解决的是能够基本做到"无障碍阅读"，克服半文言和人物众多、情节繁复带来的阅读困难，然后才能带着目标有层次地完成任务，建构积极的阅读体验。所以，子任务有层次地分解如下——

子任务一：读法的发现。根据学生实际，结合《三国演义》章回体形式、内容和语言特点，以前三回为例，探索做到"无障碍阅读"的方法，发布核心任务，然后迁移方法通读整本书。

子任务二：修炼"三国通"。在带着目标任务通读的基础上，根据自己选择的研读主题重读有关内容，完成研读任务，生成阅读成果。

子任务三：经典"人""事"话三国。在带着目标任务通读的基础上，根据自己选择的研读主题重读有关内容，完成研读任务，生成阅读成果。

（5）阅读实践活动安排。

阅读实践活动是在每个子任务下循序渐进地安排和实施的。

子任务一安排五个实践活动。

活动一："多管齐下"，激发阅读兴趣和期待。教师可以根据自己班级的实际情况，从以下方法中选择两种以上充分激发学生阅读兴趣。

| 序号 | 方法 | 资源 | 操作 |
| --- | --- | --- | --- |
| 1 | 词曲激趣法 | 杨慎《临江仙》文本、杨洪基演唱《临江仙》音视频 | 由词联系到原著，由歌曲联系到电视剧 |
| 2 | 故事激趣法 | 耳熟能详的三国故事评书片段，如三英战吕布、望梅止渴、空城计、过五关斩六将等 | 播放评书片段，引出原著相应回目 |
| 3 | 影视剧激趣法 | 精彩的影视剧片段 | 播放片段，认识人物，了解故事 |
| 4 | 人物激趣法 | 故事中三组主要人物（魏蜀吴） | 分享自己了解的人物故事、人物关系 |
| 5 | 歇后语激趣法 | 有关三国人物的歇后语 | 歇后语填空与交流 |
| 6 | 兵器激趣法 | 三国名将所用兵器名称、图示 | 看图说兵器名称和使用者名字 |

活动二：发布核心学习任务，明确成功标准。发布核心学习任务时，要与创设学习情境充分关联，用讨论的方式来发布，用例子来启发。

活动三："试读"，发现困难与挑战。

活动四：探索读法，分享阅读智慧，开启阅读之旅。这两个活动联系起来，要解决这些阅读实际问题：学会阅读回目标题，学会分清人物主次，策略对待生字新词，积极参考必要资源。教师可以设计如下学习单，帮助学生探索读法。

## 学习单（二）【第一回　宴桃园豪杰三结义　斩黄巾英雄首立功】

一、标题中的"豪杰""英雄"指的是什么？标题的意思是什么？读完第一回，你发现标题的作用是什么？

二、第一回的第二自然段写了"种种不祥，非止一端"，作者这么写的目的是什么？根据你的判断，区分这些"不详"哪些可能是真实的，哪些是人们想象出来的。你觉得古时候人们这样想象的原因是什么？

三、小说第一回为什么会重点介绍刘备、关羽、张飞呢？你有什么想法？

四、从第一回就可以看出，《三国演义》中人物众多，阅读的时候怎样记住或分辨这些人物呢？把你的想法写下来，然后和同学分享。

五、画出第一回中描述刘备、关羽、张飞出场的句子，读一读，再对比介绍其他人的句子，想一想有什么不同，为什么会有这样的不同。把自己的想法写在下面。

活动五：制订阅读计划，通读整本书。教师要指导学生合理制订两个计划，分别是时间管理计划（包括通读时间安排、主题研读及成果生成时间安排）和"产品"管理计划（包括产品内容和形式、产品完成时间节点）。

子任务二是衔接子任务一的活动五展开的，主要让学生根据"产品"类型，选择其中三种"产品"，在通读的基础上细读相关内容，完成"产品"。预设的"产品"类型包括六大类。产品一：经典场面连环画（以三英战吕布为例引导）；产品二：兵器谱（根据描述画出来，并进行创意点评）；产品三：精彩情节说评书；产品四：人物志（选择自己感兴趣的人物，设计人物形象，制作人物名片，导图梳理人物生平，撰写人物评论）；产品五：精彩情节演出来（改编剧本，成立剧组，排练演出）；产品六：智慧思考（引导学生自主提出问题，如"十几路军马没能诛杀董卓，你认为根本原因是什么？"，思考分析，得出自己的结论）。

在"产品"选择和"生产"时要注意：（1）学生从产品清单中选择三种

来完成，尽量使趣味性与探究性相结合；（2）教师要跟踪了解学生产品创生情况，给予针对性指导，组织相应的分享和启发活动；（3）要为每项产品的产出过程和结果设计合适的评价量规。

子任务三的主要实践活动就是"读书会"。教师在引导学生举行读书会时，要注意两点：一是跟踪了解学生产品创生情况时，关注是不是每个学生都有参与、展示的机会；二是指导学生进行节目的精心编排，撰写主持词，用主持词来呼应阅读目标和大概念的理解。

无论是《孤独的小螃蟹》还是《三国演义》整本书阅读教学的设计，在大单元教学理念指导下，在目标追求上，有两点值得反复强调。第一点是，阅读兴趣的培养始终是第一位的。兴趣是打开阅读之门的钥匙；师生共读要借助榜样的力量激发学生的阅读兴趣；设计学习任务和安排实践活动，要为学生建构积极的阅读体验奠定基础，以进一步激发整本书阅读的兴趣。第二点是，促进学生的精神成长是整本书阅读教学的终极目标。大概念的提炼首先要关注作品的精神成长价值，也就是从作品主题角度来提炼大概念，其次才是学科大概念。整本书阅读要重视阅读策略的学习和运用，除实用类文体的阅读外，联结策略的学习和运用，是作用于学生精神成长的基础。学习任务的设计，要从学生多维度阅读体验的建构进行考量，即让学生能够在学习任务完成过程中从多角度体验阅读的积极价值。小学阶段的文学类整本书阅读，戏剧表演类任务最能够让学生感受到作品的阅读价值，教师要努力做到每学期都有整本书改编的戏剧表演。

当然，有一点是毋庸置疑的——教师对作品的细读是目标科学定位和学习任务匠心设计的保障。无论是图画书还是长篇作品，教师自己先细读了，才能从多个角度发现作品的特点，才能真正有依据地确认作品之于学生的阅读价值，才能结合具体的内容情节提炼出学生需要的话题。

第八讲

# 大单元教学与教学评一体化

## 第一节

## 大单元教学如何实现教学评一致

### 一、新课标强调"教学评一体化"

1. 新课标如何体现对教学评价的重视

教与学都需要进行评价，这是常识。

以评价促进教与学，这是教育行动中的永恒主题之一。但是，多年来，这常常成为一个实践性的难题。

常常，我们会听到一线教师无奈的哀叹：这个知识点不教不练，考到了怎么办？

经常，我们会听到教研员有理有据：这是应该能够迁移运用的技能，当然应该考察！

常常，我们会看到，课堂上，教师评价学生表现很棒，其实学生根本不清楚自己棒在哪儿，其他同学也不清楚棒的标准到底是什么。

经常，我们会看到，教研员或老师们评一节课，要么隔靴搔痒，要么顾此失彼……

造成这种状况的原因是多方面的，比如整体上评价理念落后、缺乏自觉的评价意识、缺失可操作性的评价标准、简单粗暴地以考代评等。其中，最根本的是大家都缺乏以学生为中心的学业质量意识，各门学科都缺失指向素养发展的学业质量标准。缺乏共识，没有统一的学业质量标准，评价就避免不了随意性，从而失去了评价的初衷和价值。

正是多年来评价领域问题重重，严重影响了教师的教和学生的学，尤其是核心素养时代，评价理念的落后和实践的滞后，不能适应学生核心素养发展的需求。为了从根本上改变这样的状况，《义务教育课程方案（2022年版）》和各科课程标准，都在教育教学评价上提出了新的要求，明确了新的标准。

其一，《义务教育课程方案（2022年版）》指出要改进教学评价："全面落实新时代教育评价改革要求，改进结果评价，强化过程评价，探索增值评价，健全综合评价，着力推进评价观念、方式方法改革，提升考试评价质量。"

其二，正如"前言"在罗列课标变化时指出的，各学科课程标准都研制了"学业质量标准"，"依据核心素养发展水平，结合课程内容，整体刻画不同学段学生学业成就的具体表现特征，形成学业质量标准，引导和帮助教师把握教学深度与广度，为教材编写、教学实施和考试评价等提供依据"。新课标这样描述学业质量内涵："学业质量是学生在完成课程阶段性学习后的学业成就表现，反映核心素养要求。语文课程学业质量标准是以核心素养为主要维度，结合课程内容，对学生语文学业成就具体表现特征的整体刻画。依据义务教育四个学段，按照日常生活、文学体验、跨学科学习三类语言文字运用情境，整合识字与写字、阅读与鉴赏、表达与交流、梳理与探究等语文实践活动，描述学生语文学业成就的关键表现，体现学段结束时学生核心素养应达到的水平。四个学段的语文课程学业质量标准之间相互衔接，体现学生核心素养发展的进阶，为核心素养评价提供基本依据。"

其三，新课标用了3700多字来提出"评价建议"，在课程内容部分，每个学习任务群的"教学提示"中都有一条是针对教学评价的提示。

新课标在"课程实施"部分的"评价建议"中，不仅分别对"过程性评价"和"学业水平考试"提出了具体的建议，还针对课堂教学明确指出"教师应树立'教—学—评'一体化的意识"。教学评一体化，也就保证了教学评在多维度上的一致性。

虽然新课标只在"课堂教学评价建议"中明确出现教学评一体化要求，但是，我们必须在课程实施的全过程中践行"教学评一致原则"——即使是学业水平考试，也要做到所考即所学和所教。

我们来粗线条地梳理一下新课标中的"评价建议"。新课标对课程评价提出了具体建议，要理解"过程性评价"和"学业水平考试"为什么做和怎么做，就要善于从课标的描述中提炼出具有指导性的关键词。

新课标分四个版块阐述"过程性评价"建议，分别是过程性评价原则、课堂教学评价建议、作业评价建议、阶段性评价建议。准确提炼每个版块的关键词可以帮助我们正确理解每个版块的意涵。

过程性评价原则的理解要抓住五个关键词：助力改进原则、统筹安排原则、多元主体原则、方法综合原则、学科融合原则。助力改进原则是过程性评价的首要原则。评价的目的是为了助力教与学的及时改进，要避免为评价而评价。实践中，很多老师在教学设计的文稿中都专门进行了"评价设计"，但是，很少在课堂实践中看到教师用上这些"评价设计"，或者仅仅是在课堂快要结束时，让学生简单交流一下学习的感受、收获和不足。纸上谈兵和"例行公事"，都不可能起到助力教与学改进的作用。

"课堂教学评价建议"的理解可以提炼出三个关键词，分别是："教—学—评"一体化、评价量表、评价功能。教学评一体化意识确立了，评价量表的制定和使用就自然而然成为课堂学习的有机组成部分，就能够真正促进教与学质量的提升，尤其是促进学生对自己的学习行为和成果形成元认知，让学生学会学习。

作业评价建议主要从作业设计、作业批改和跟踪评价三个方面展开描述。阶段性评价建议的关键词是：关键节点、素养立意、评价手段、诊断和调节功能。

"学业水平考试"分为三个版块，分别是命题原则、命题规划和命题要求。命题原则的理解要抓住关键词"素养立意""依标命题""科学规范"。命题规划要从三个方面考量，分别是目标要求、考试形式和试卷结构。命题要求提出要从命题情境、命题材料、题目主体和题干设计等方面落实学业质量标准。

新课标中，除了在"课程实施"中专门阐述了"评价建议"，还在每一个学习任务群的教学提示中专门给出了"评价提示",针对具体学习内容提出了评价要求。以"语言文字积累与梳理"学习任务群为例,"教学提示"的第五条指出:"识字评价要考察学生认清字形、读准字音、掌握汉字基本意义的情况,在具体语言环境中运用汉字的能力,借助字典、词典等工具书查检字词的能力,帮助学生养成写规范字的习惯,减少错别字。第一、第二学段应多关注学生主动识字的兴趣,第三、第四学段要重视考察学生独立识字的能力。写字评价要考察学生对要求'会写'的字的掌握情况,重视书写的正确、端正、整洁,在此基础上,逐步要求书写流利。语文知识的概念不作为考试内容。"

研读每个学习任务群下的评价提示,会发现各学习任务群的评价提示,主要针对不同学习内容明确了教学中评价的依据、重点,同时也提示了评价的方式和工具。

在每个学习任务群的教学提示中专门用一段话来描述评价提示,也是强调"教—学—评"一体化的具体体现。

### 2. 课程目标、学业质量、评价建议和评价提示的关系

作为课程标准中的几大部分,课程目标、课程内容、学业质量和课程实施四个部分,总体上体现了目标导向下的一致性。课程目标是否得到落实,可以用学业质量标准来衡量学生完成阶段性学习后的学业成就,作出科学准确的判断——学业质量标准是呼应课程目标,反映核心素养要求的;而课程内容的选择和运用就是为课程目标的落实服务的;课程实施部分从多个角度为课程目标的落实、学业质量的达标提出了实施建议,其中就包括具体细致的评价建议。

学业质量标准对课程目标的呼应,不仅可以从"学业质量内涵"的描述中看出,在分学段的"学业质量描述"中更可以看得分明。以第一学段"识字与写字"领域为例,课程目标中列出了四点要求:"1. 喜欢学习汉字,有主动识字、写字的愿望。认识常用汉字1600个左右,其中800个左右会写。2. 学会汉语拼音。能读准声母、韵母、声调和整体认读音节。能准确地拼

读音节，正确书写声母、韵母和音节。认识大写字母，熟记《汉语拼音字母表》。3. 掌握汉字的基本笔画和常用的偏旁部首，能按基本的笔顺规则用硬笔写字，注意间架结构，初步感受汉字的形体美。努力养成良好的写字习惯，写字姿势正确，书写规范、端正、整洁。4. 学习独立识字。能借助汉语拼音认读汉字，学会用音序检字法和部首检字法查字典。"学业质量描述"中对应的描述是："留心公共场所等真实社会场景中的文字，尝试认识标牌、图示、简单的说明性文字中的常用汉字；借助汉语拼音认读汉字，借助学过的偏旁部首推测字音字义，愿意向他人说出自己的猜想，遇到不认识的字，主动向他人请教。在学习与生活中，累计认识 1600 个左右常用汉字，能正确书写 800 个左右常用汉字。喜欢识字，有意识地梳理在日常生活中学习的汉字、词语，并尝试进行分类；愿意整理自己的学习成果，并向他人展示。"

学业质量标准是课程实施中"评价建议"的依据。新课标中"过程性评价"的概述就明确指出："过程性评价重点考察学生在语文学习过程中表现出来的学习态度、参与程度和核心素养的发展水平，应依据各学段的学习内容和学业质量要求，广泛收集课堂关键表现、典型作业和阶段性测试等数据，体现多元主体、多种方式的特点。"从新课标对学业质量内涵的描述进行判断，以学习质量要求作为评价依据，主要应用于"过程性评价"中的"阶段性评价"。要在教学实践中确保"阶段性评价"的"教学评一致"，教师心中必须对相应学段学习质量有基本的掌握。

我们可以用以下两幅关系图来表示课程目标、学业质量、评价建议和评价提示的关系：

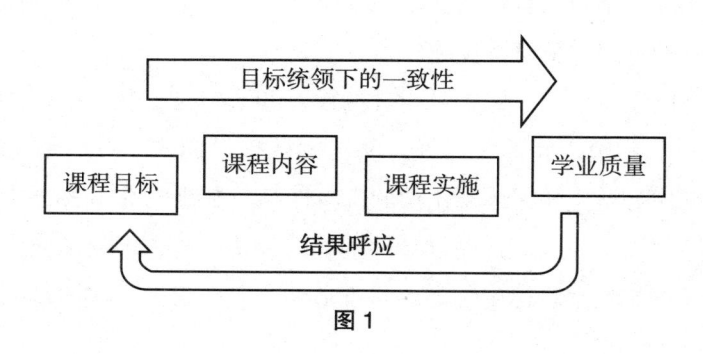

图1

**评价提示、学业质量和评价建议的关系**

```
┌──────────┐        ┌──────────┐        ┌──────────┐
│ 评价提示 │        │ 学业质量 │        │ 评价建议 │
└──────────┘        └──────────┘        └──────────┘
┌──────────────┐   ┌──────────────┐   ┌──────────────┐
│评价内容依据（用什│  │既是评价的依据│  │评价的理念（原则）│
│么评价、评价什么）│  │也是评价的目的│  │评价的策略（方法）│
│学段侧重点      │   │              │   │              │
└──────────────┘   └──────────────┘   └──────────────┘
```

**图 2**

从图 2 可以看出，课程标准中三处直接针对教学评价的内容，是以学习质量标准为核心的。学习质量标准既是评价的依据，也揭示了评价的目标——以评价促进教与学的达标，以评价促进学生语文核心素养发展的进阶。每个学习任务群中的评价提示，指出了各学习任务群不同学段评价的侧重点，明确了评价内容依据，即用什么评价和评价什么。评价建议主要以学业质量要求为指引，从评价理念和策略方法等方面给出了具体的建议。

教师只有用联系的眼光，系统地解读和理解课程标准中有关进行评价的各部分内容，才能真正理解教学评一体化的要求，在教学实践中追求教学评一致性。

### 3. 落实教学评一体化需要遵循的四个原则

根据上面的梳理，在教学实践中要落实教学评一体化，必须做到遵循以下四个基本的原则。

一是目标统领原则。教学评都在具体而明确的课程目标统领下进行设计和实施，确保了学习目标的落实，也就确保了学生学业质量的达标，学生语文核心素养的发展也就有了保障。

二是系统设计原则。进行教学评的设计和实施时，既考虑相关课程目标与内容选择、运用之间的关联性，又考虑课程目标与学业质量之间的对应性，还要考虑与学生学习体验建构的进阶性和与学业质量要求的一致性。

三是逆向设计原则。逆向设计原则要求评价先行，即从学业质量标准出发，衡量具体的教学目标定位是否科学适切，以确定要达成的预期成果，再确定评估证据，教学实施环节的学习活动设计，要为评估证据的产出服务。

四是学为中心原则。教师始终做到教是为了学，练习也是为了学，评价的终极追求还是为了学，这样，教学评一体化就有了轴心，学业质量的达标也就有了可供监测的焦点。

## 二、大单元教学如何实践教学评一致

教学评一致是课堂效率的保障，尤其是学生收获清晰而积极的学习体验的保障。也就是说，教学评一体化是落实学业质量标准的实践需求，教学评要一致指向科学适切的学习目标的落实，指向可沉淀和迁移的语文核心素养的发展。在教学实践中，并不是拿一个单元或一课的教学评来机械对应学段结束时学生学业成就水平标准，而是要求教师心系学业质量标准，科学定位教和学的目标，落实练和评的目标针对性，真正做到一体化设计和实施。

教学评一致，包括三个由目标导向的"一致"，即"学教一致""教评一致"和"学评一致"。

教学目标有了科学准确的定位，学生应该学什么、怎么学、学到什么程度与教师教什么、怎么教、教到什么程度，应该是一致的。所教非目标导向的所学，就偏离了一致性要求。评价方式、评价内容和评价标准，也是根据教学目标选择和制定的。"教评一致"，一是指教什么就评价什么，二是指教的质量如何，可以拿评价标准来衡量。"学评一致"，一是指所学即所评，二是指要用评价来指引学，为学把脉。也就是说，评价与教、学的一致性，不仅仅体现在结果上，更要体现在过程中。

教学评一致原则，是课程实施，尤其是课堂教学必须遵循的原则之一，也是大单元教学的基本特征之一——大单元教学所实践的逆向设计，先确定预期学习结果，再根据预期学习结果确定评估证据，然后为评估证据的产出而设计学习任务和活动。这一系统性的设计思路，让教学评的一致性得到了最充分最直观的体现。教学评一致性原则要求，教师要始终心系目标和评估证据，随时监测和诊断学习任务组织、学习活动实施有没有有层次地呼应学习目标的落实，是不是有利于学习证据、学习成果的产出；学生要心系成功标准或评价量规，在教师的提示、引导下，于相应的学习节点结合成功标准或评价量规，进行自我评价，并根据评价结果反思学习行为，调整学习策略，提升学习品质；就教与学的对应性而言，就是在目标统领下，做到所教与所学的内容和追求是完全一致的。

那么，大单元教学如何落实"教学评一致"呢？

## 1. 制定科学适切的学习目标，教学评始终匹配和围绕学习目标展开

教学评的一致，就是要避免课堂上出现不停地有事做，却理不清每一件事为什么做的尴尬，避免在课堂上做无用功，让课堂上发生的每一个事件都有迹可循。这里的"迹"，指的就是科学适切的学习目标。

目标导向，是任何一节可以称得上体现教师"专业性"的语文课堂都应遵循的基本原则。对于大多数一线教师来说，关键不是有没有制定课堂学习目标，而是课堂学习目标的定位是否科学适切，是否经得住来自不同角度的拷问：是基于标准的吗？是合乎学生实际的吗？是与单元内容和定位贴合的吗？……

科学适切的学习目标，是教的指南，学的导向，评的依据。通常，备课时形成的教学设计，主要包括两个部分，即学习目标和学习活动设计。从教学评一致性追求来看，这样的教学设计，至少还应该从两个方面进行诊断和完善。

其一，每个版块的学习活动是否与具体学习目标形成对应关系。

一份完成了的教学设计，要先判断其学习目标的制定是否科学适切，再细究学习活动设计是否与学习目标匹配。课堂学习活动设计与学习目标不匹配的状况经常会出现在一些教学设计中。例如，一位教师这样定位《伯牙鼓琴》的学习目标：

1. 会写"哉、巍、弦"3个字。

2. 正确、流利地朗读《伯牙鼓琴》，背诵《伯牙鼓琴》。

3. 能说出对《伯牙鼓琴》最后一句话的理解，并结合"资料袋"说出自己的感受。

这位教师的课堂学习活动设计分为五个版块：版块一，诵读诗词，导入新课；版块二，读通课文，明白大意；版块三，品读"鼓琴"，体验"知音"；版块四，品读《论语》，感悟"艺术"；版块五，拓展阅读，深化主题。

对照学习目标来审视每一个学习活动，或许有些学习活动中有呼应具体学习目标的实践操作环节，比如第二个版块大概可以落实目标1和目标2的"正确、流利地朗读《伯牙鼓琴》"，版块三大概可以呼应目标3，但是，版块四就找不到对应的学习目标了。况且，其他版块的学习活动也看不出来是"围绕"学习目标来设计的。当然，强调学习活动要与学习目标呼应，并不是要求机械地"一一对应"，而是每一项学习活动都能够指向学习目标中具体目标点的落实。

如果教师设计的学习活动与学习目标不是呼应的，这首先不是一节目标导向的课；其次，由于具体的学习活动目标指向不明，为什么学就回答不清，学生的学习体验就会模糊而混乱，所谓知识和技能的自主建构也就不可能实现，概念性理解更不可能实现。这样的课，往往是学习评价缺位的课，因为教师和学生被"淹没"在目标不明的课堂活动中，评价找不到可以明确聚焦的着力点。

一节能够帮助学生创造积极学习体验的课，还应该做到以目标设计的层次性来指导学习活动设计的层次性，同时在每一个指向思维发展和能力提升的具体目标落实上，做到从表层理解到深层理解，最终促成概念性理解的路径设计清晰而合理。

大单元教学在目标设计上，从KUD目标的梳理到大概念的提炼，都要求做到以课程目标为导向，以学业质量标准为参照；即使是单篇课文的教学,也同样要定位准确,层次分明,对学习活动有明确的引领性。

统编版六年级上册第四单元是一个小说文体单元,在梳理 KUD 目标和提炼大概念之前,先要明确第三学段"阅读与鉴赏"等领域的相关目标要求。例如:"在阅读中了解文章的表达顺序,体会作者的思想感情,初步领悟文章的基本表达方法。在交流和讨论中,敢于提出看法,作出自己的判断。阅读叙事性作品,了解事件梗概,能简单描述印象最深的场景、人物、细节,说出自己的喜爱、憎恶和崇敬、向往、同情等感受。"接着要领会学业质量标准中相关的描述:"能借助与文本相关的材料,结合作品关键语句评价文本中的主要事件和人物,提出自己的观点或看法;能发现不同类型文本的结构方式和语言特点,感受作品内容、表现形式上的不同,积极向他人推荐,并有条理地说明推荐理由。在文学体验活动中涵养健康向上的审美情趣。"在此基础上,结合单元内容版块、语文要素等,梳理和提炼出 KUD 目标和大概念如下。

学生将知道(K):
1. 什么是小说。
2. 小说通常有特点鲜明的人物形象、曲折的情节和典型的环境描写。

学生将理解(U):
小说通过典型人物形象的塑造来反映社会生活。

学生将能做(D):
1. 结合小说作品中的情节安排、环境描写和细节描写分析人物形象。
2. 创编一篇小说(生活故事)。
3. 选择、推荐自己心目中的好小说给班级迷你小说馆,策划和参与开馆故事会,评选出自己喜欢的同学创编的小说,并说明理由。

大概念:小说大多以虚构的故事反映现实生活,它以塑造特点鲜明的人物形象为中心,往往离不开典型的环境、丰富曲折的情节。

目标既预期学习成果,接着就要根据目标澄清评价证据:

1. 梳理出三篇小说文本中的人物形象、故事情节、环境描写，并能够分析它们之间的关系，清楚地表达自己的阅读发现和体验。

2. 创编一篇以人物形象刻画为中心的生活故事，故事有曲折的情节和合适的环境描写。

3. 成功为班级迷你小说馆推荐一部中篇或长篇小说，或一篇短篇小说，附有从人物形象塑造、情节安排、环境描写等方面撰写的推荐词。

4. 策划并参与开馆故事会，选择并承担具体的活动任务。

后面的学习任务设计和语文实践活动的安排，都要为评价证据的产出服务。

再以单篇课文《威尼斯的小艇》为例，运用KUD目标模式，有层次地制定出如下学习目标：

学生将知道（K）：学生将知道介绍一个地方，可以从最有代表性的事物入手（小艇是能够突出威尼斯作为水城和日常生活特点的交通工具）。

学生将理解（U）：学生将理解什么样的事物是一个地方的代表性事物（威尼斯是水上城市，小艇是威尼斯的代表性事物）；学生将理解描写内容和表达方法的选择要与描写对象和目的匹配（静态描写与动态描写的运用是由小艇在不同情境下表现出的不同情趣决定的）。

学生将能做（D）：学生将能够对比分析不同作家描写同一个地方时，表达方法有什么相同之处；学生将能够结合具体词句分析静态描写和动态描写的表达效果。

相应地，需要设计四个版块的学习活动：版块一，联结经验，明确目标；版块二，聚焦课题，预测内容；版块三，抓住"情趣"，欣赏小艇；版块四，对比探究，感悟表达。版块一是确保学生能够带着清晰的目标学习，版块二与目标K和目标U的前半部分对应，版块三和版块四对应剩下的学习目标。同时，努力做到使评价要素与学习目标相结合，也就是学习目标所指向的评估证据，为具体的评价设计奠定基础。

其二，在学习目标和学习活动这两个部分之外，需要再加上评价设计。

评价设计至少应包括评价依据（项目）和评价标准两个要素，可以用评价量规来呈现评价的设计并指导评价的运用，也可以用成功标准来指导学生监控、评价自己的学习进程和成果。这里先讨论评价量规的设计和运用。

《追求理解的教学设计》一书倡导逆向设计："我们的课堂、单元和课程在逻辑上应该从想要达到的学习结果导出，而不是从我们所擅长的教法、教材和活动导出。"基于这一"学为中心"的基本观点，逆向设计可以分为"三阶段"，即确定预期结果、确定合适的评估证据、设计学习体验和教学。也就是说，学习目标有没有落实，要看生成的证据，学习活动要能够促成评估证据的生成。我们传统的语文教学在教学设计上，只有第一阶段和第三阶段，缺失了第二阶段，所以一致性的教学评难以落实。这也是导致课堂学习活动偏离学习目标的重要原因。

运用评价量规，主要是突出学生对学习过程和结果的自主评价和自我监控，同时为教师评价自己的教和学生的学澄清了依据和标准，避免了主观臆测。评价的设计先于学习活动设计和课堂学习，评价量规的运用一般与具体的学习活动任务紧密结合，也就是呈现任务的同时给出评价量规。

以《真理诞生于一百个问号之后》的教学设计为例，紧接着学习目标的评价设计如下：

评价依据（项目）：1.结合课文内容在一段话中准确填写"司空见惯、见微知著、锲而不舍"三个词语；2.为课文和补充文本选择合适的事例以确保论证观点的说服力；3.写一篇思路清晰的小议论文。

评价工具：学习单和评价量规。

评价设计除了评价依据和评价工具，还需要针对具体的评价项目制定评价标准。例如上述第三个评价项目，就要对"思路清晰"进行评价标准的描述。哪些评价项目需要制定相应的、较细致的评价标准，根据不同的学习内容和目标，教师可以从评价效度和信度的需要进行取舍。达到以评价诊断和促进教与学的目的，才是根本。

一位教师教学统编版三年级下册第八单元的习作《这样想象真有趣》，设计了这样的评价量规：

| 评价标准 | | 自 评 | 互 评 |
|---|---|---|---|
| 题目引人入胜<br>凸显主角的"非同寻常" | 凸显主角 | ☆ | ☆ |
| | ☆ | ☆ | ☆ |
| 角色能说会道<br>角色对话推动情节发展 | 故事中的动植物会说话 | ☆ | ☆ |
| | ☆ | ☆ | ☆ |
| 情节循环往复<br>以时间或空间为线索发展 | 三个或三个以上相似情节 | ☆ | ☆ |
| | ☆ | ☆ | ☆ |
| 自评 | ☆☆☆☆☆ | | |
| 互评 | ☆☆☆☆☆ | | |
| | 修改建议： | | |

这一评价量规中，评价依据（项目）和评价标准就是同时呈现的。课堂上，这一评价量规的使用，不是一次性完成，而是根据课堂学习活动的推进，依次进行题目拟定、角色对话、情节设计三个方面的评价，评价贯穿学习的全过程，使得教学评一致性价值得到最大化体现。

**2. 提供清晰易懂的成功标准，以自主评价强化积极的学习体验**

很多教师在教学实践中会遇到这样一种困惑：备课时已经精心定位了学习目标，上课时还带着学生明确了学习目标——将教学设计时撰写的学习目标呈现给了学生，可是在课堂学习过程中，学生并没能自觉运用学习目标来监控和评价自己的学习，教师也会不知不觉忘记了结合学习目标来进行学习评价，从而无法对教和学作出有效的监控和调节。

产生这种困惑的原因可能是多方面的,例如学习目标的定位不够适切、教师在课堂教学过程中缺乏自觉监控意识、学习活动的设计与学习目标的匹配度不高等,而最重要的原因,应该是"学为中心"的理念没有在课堂实践中得到突出和落实,教学评一致性也就失去了最坚实的基础。

学生是学习的主人,自我监控和评价是"真实的学习"不可或缺的要素,是学生真正成为"学习的主人"的重要保障。让学习"可见",不仅是指让教师能清楚明白课堂上发生了什么,更应指学生对自己的学习"可看见""可体验""可监控""可评价"。教师想学生之所想,从学生角度提供一节课的"成功标准",是让学习可见的应然选择,是大单元教学的基本追求之一。

成功标准与学习目标有什么联系和区别呢?通过下面的表格对比就可以窥见一二。

| 学习内容 | 学习目标 | 成功标准 |
| --- | --- | --- |
| 《富饶的西沙群岛》第一课时(单元开启课) | 大致了解课文结构,初步了解课文内容。 | 我能在老师的带领下梳理课文结构和内容,知道并说出课文向读者介绍了西沙群岛的什么特点。 |
| | 在理解一段话意思的基础上判断其中的关键语句,能借助关键语句理解一段话的意思。 | 我知道一段话中什么样的语句是关键语句,能准确找出指定段落中的关键语句。 |
| | 学习文本中的段落结构,尝试围绕关键语句说/写一段意思连贯的话。 | 我能围绕给定的关键语句(一个意思)说/写一段意思连贯的话。 |

从学习目的上来看,学习目标(KUD 目标和大概念)和成功标准讲的是同一件事,都是指课堂学习要抵达的"目的地"。"目标导向"是教学的根本要求,学习目标是成功标准的方向标,是成功标准制定的根本依据。之所以在学习目标的基础上还要制定成功标准,从表述上就可以看出,那是因为成功标准是完完全全从学生视角提出来的,不仅为学生提供了学习的目标,还为学生提供了目标达成的行动方向和衡量标准。

对于低年级学生，教师要用简单明了的语言告诉他们成功标准，而不是一条条列举出来。例如，直接告诉学生：这节课，能认识和记住生字条中的10个字，将"问、有"两个字正确、工整地写在田字格中，还能把课文读通顺了，你就成功了！中高年级，用文字将成功标准写出来给学生更合适。无论是低年级还是中高年级，课堂上都要在相应的学习活动告一段落或结束时，给时间让学生用成功标准来衡量自己的学习进度和效果，确保学习体验和结果是可见的，而不是模糊不清的。

成功标准让学生明确了课堂上自己需要做什么和做到什么程度才算成功了，学生就能够将学习期待和自我评价充分结合，随时监控、推进和调整自己的学习行动。同时，因为被冠以"成功"标准的称呼，在学生达成相应的学习目标后，体验会更加积极。而这种积极的体验是可以迁移的，是有"可持续发展"价值的。这就在教学评一致性的基础上，为学生的学习注入了鲜活的动力。统编版六年级上册第四单元在明确了学习目标、澄清了评估证据后，就可以和学生一起制定出如下成功标准：

1. 能自主识字学词，丰富语言积累；会写方格里所有的字，做到正确美观。

2. 能正确、流利、有感情地朗读课文。

3. 在读小说时，能分析清楚情节、环境对表现人物形象的作用。

4. 能发挥想象，创编生活故事，故事的情节吸引人，人物形象个性鲜明。

5. 能为班级迷你小说馆成功推荐优秀小说。

6. 在开馆故事会中承担具体任务。

针对学生在学习过程中产出的具体"产品"，为了让成功标准具有更强的针对性，并帮助学生找到提升的方向，可以设计具有鲜明层次性的成功标准。例如，统编版六年级下册第三单元，为学生撰写的成长故事设计了这样的成功标准——

| 评价内容 | 撰写的成长故事作品 | | |
| --- | --- | --- | --- |
| 评价项目 | 满足成功标准 | 超出成功标准 | 接近成功标准 |
| 表达出真情实感 | 1. 所选故事是自己小学阶段情感体验深刻的成长故事；2. 思路清晰，条理清楚，故事完整；3. 详写的是最能表现情感的重点内容；4. 既运用了直接抒发情感的写法，也运用了将情感融进具体事物描写中的写法。 | 除满足成功标准所列的四项外，还做到：1. 能够选择运用合适修辞来突出情感，如排比句式、比喻手法等。2. 开头和结尾有设计，比如做到首尾照应等。 | 至少满足成功标准所列出的三项要求。 |

**3. 提供合适的学习支架，让教学评有清晰而一致的落脚点**

大单元学习任务的设计和语文实践活动的安排，不能只停留在告诉学生要做什么上，还要让学生清楚地知道怎么做才能产出可资评价的依据。这就需要教师为相应的学习任务、实践活动提供合适的学习支架。

学习支架包括学习的程序支架和工具支架。程序支架让学习任务、实践活动的完成层次分明，工具支架让学习的路径和成果都可视化。支架不仅是为了让学生在这节课内知道如何展开学习活动，还促进了学习方法和策略的迁移运用，让学生学会学习。合适的、清晰的学习支架使得评价拥有了可资参照的具体任务表现，包括过程的表现和结果的表现，教学评一致性多了一份有力的保障。

学习支架的设计，需要综合考虑学习目标、评估证据和真实学情。目标导向是根本，但学习目标不是自上而下的，也不是先入为主的，而是综合考虑课标要求、学习内容和学生实际等科学制定的 KUD 目标和需要深度理解的大概念。评估证据必须与学习目标匹配，而学习支架的设计，不能单纯考虑证据的获得，还要充分考虑学生的实际水平和需要，让支架真正担当起"线路图"和"梯子"的作用。

以低年级写字教学为例，为了帮助学生在田字格中写出正确美观的汉字，教师一般需要引导学生经历观察—描红—练习—检查—订正的过程，在反复实践中掌握汉字书写规范，体会写好汉字的乐趣。在规范写字姿势的基础上，教师会提供方法支架，即"一看二想三写四对照"。学生初次学习运用这一支架，教师要细致地作示范，并演示如何对每一个步骤进行自主评价。

往往，针对一个相对复杂的学习任务，教师要设计工具与方法相融合的支架。统编版五年级下册第六单元的阅读训练要素是"了解人物的思维过程，加深对课文内容的理解"。在单元整体教学理念下，我让学生通读单元课文、补充文本和自己搜集的有关谋略的故事文本，围绕"他们是怎么思考的"这一问题，进行阅读思考，尝试自主了解人物的思维过程。为了让学生更好地进行阅读思考，我设计了下面的表格作为学习支架：

| 课文/故事 | 人 物 | 思维过程（用思维导图表示，或用自己的语言概述） | 对人物思维的评价 | 受到的启发 |
|---|---|---|---|---|
| 《自相矛盾》 | 楚人 | | | |
| 《郑人买履》 | 郑人 | | | |
| 《田忌赛马》 | 孙膑 | | | |
| 《跳水》 | 船长 | | | |
| （搜集的谋略故事） | | | | |

这一学习支架的运用，让学生不仅了解了单篇故事中人物的想法和行动之间的关系，还从对比中对思维的价值有了更深刻的认识。同时，这样的学习支架让学习评价在证据清晰的基础上，很自然地融入学生的学习过程中，而且，学生的学和教师的教，都在落脚点清晰而一致的评价中得到调整和提升。

另外，在大单元教学中，还要重视单元学习结业评价的设计和实施。单元学习结业评价，要精心设计评价任务以呼应学业质量标准，进一步提升学生的学习成功体验。例如，统编版一年级上册第四单元的大单元学习，在核心学习任务基本落实之后，可以设计这样的单元学习结业庆典（评价任务）：

1. 回味有关四季的诗文。

（1）一起回忆这个"大单元"课程里学习了哪些诗文（包括图画书）。梳理下来有这些：课本上的《秋天》《四季》《江南》，补充的《秋天的颜色》《柳树醒了》《春夏秋冬》《小牛的春天》《落叶跳舞》《雪人》等。

（2）用不同颜色圈出描写不同季节的诗文。

（3）说说自己喜欢的季节（字词句运用）。

（4）挑战朗读和背诵。

2. 叫出偏旁的名字来。

（1）出示九个这一单元学习的偏旁，先在心里试着喊出它们的名字，再悄悄告诉老师。

（2）名字喊出来了，再每个偏旁说出至少两个自己认识的汉字。

3. 玩玩拼词游戏。

（1）口语交际：我们做朋友。

（2）新朋友两人一组，用一沓生字卡片（主要是这个单元学习的字），合作拼摆词语，比比哪一组拼出的词语多一些。

4. 趣味听写词语。

（1）教师说情境，学生猜词语，写下来。

（2）写完后，一起唱《中国字 中国人》。

5. 颁发单元学习成功奖。

再以统编版六年级上册第四单元为例，单元学习结业庆典（评价任务）设计为：

1. 重点词语积累与运用：

（1）从《桥》《穷人》词语表中选择五个词语，运用联想和想象，围绕一个人物的表现写一段意思连贯的话。

（2）四字词语"你演我猜"游戏（跌跌撞撞、心惊肉跳、汹涌澎湃、自作自受等）。

（3）"语文园地""词句段运用"第二题。

2. 文学阅读与创意表达：

为班级"迷你小说馆"推荐一篇或一本小说，结合单元学习中了解的"好小说"的一般标准（特点鲜明的人物形象、生动曲折的故事情节、必要的环境描写），制作一张推荐卡。

语文课堂中，教学评达到了一致，学习效率就会得到提高，学生的学习体验就会更加积极。只要教师在教学的全过程中都有以评价促发展（包括教师的专业发展和学生的核心素养发展）的意识，并在教学评一致性上多进行反思性实践和实践性反思，课堂就会真正成为学生学会学习、爱上语文的乐园。

## 第二节
## 大单元教学作业设计与实践

大单元理念下的作业设计，是课程视域下的作业设计，作业不再只是为知识和技能的巩固服务，而是作为语文实践活动的一部分，作为评价任务的重要一环，为学生语文核心素养发展服务。新课标在"作业评价建议"中，对作业设计提出了具体的建议，因为只有符合学生核心素养发展需要的作业，才具有实践和评价的价值。新课标指出："教师要以促进学生核心素养发展为出发点和落脚点，精心设计作业，做到用词准确、表述规范、要求明确、难度适宜。要合理安排不同类型作业的比例，增强作业的可选择性，除写字、阅读、日记、习作等作业外，还应紧密结合课堂所学，关注学生校内外个人生活和社会发展中的热点问题，设计主题考察、跨媒介创意表达等多种类型的作业，培养学生自主学习和综合学习的能力。随着学段升高，作业设计要在识记、理解和应用的基础上加强综合性、探究性和开放性，为学生发挥创造力提供空间。教师要严格控制作业数量，用少量、优质的作业帮助学生获得典型而深刻的学习体验。"

无论是"以促进学生核心素养发展为出发点和落脚点",还是作业类型上的丰富性,以及"帮助学生获得典型而深刻的学习体验",大单元教学理念下的作业设计,都是与课程标准要求相吻合的。

下面我们从大单元作业设计的基本原则、设计思路和实践策略等方面入手,结合具体的单元作业设计和实践,作一番具体的探讨。

## 一、大单元作业设计的基本原则

### 1. 素养立意原则

助力学生语文核心素养发展是大单元作业设计的根本追求,素养立意原则也就成为大单元作业设计应该遵循的首要原则。素养立意原则要求作业设计一定是核心素养目标导向的设计,每一项作业的设计和完成都有明确的目标意识。目标导向保证了作业设计的科学性和针对性,保证了作业设计与运用的有效性。新课标指出,义务教育语文学科核心素养的四个方面是一个整体,在这个整体中,语言运用是基础,文化自信、思维能力、审美创造都离不开语言运用实践,都有赖于在学生个体语言经验发展过程中得以实现。素养立意原则不是机械地对应一个大单元教学中某一单项作业的设计和运用,也不是机械地对应核心素养的某一个维度,而要从作业与作业的联系中,从大单元作业的整体性上作系统规划,一个大单元中的作业是一个线索清晰的整体。

例如,统编版一年级下册第六单元,作业包括:根据夏天事物列举出自己联想到的词语;和家里人一起收集积累有关夏天的谚语;制作有关夏天的词语积累卡,积累事物、景象、活动、感觉等方面的词语,不少于15个;抄写生字词语,每课选择两个词语写句子;选择一篇诗文,把诗文中的故事讲给别人听,用上诗文中自己要积累的词语;观察欣赏夏天的一种事物或体验夏天的一项活动,拍照片或录视频跟同学分享,分享时用上自己想好的词语;在老师提供或自己读到的有关夏天的故事中选择一个,圈出自己通过联系上下文或生活经验理解的新词，练习用上这些词语分享故事——朗读或讲述。这一系列的作业，都是围绕词语积累、理解和运用展开的，让学生逐步发现词语与语境之间的关系，并在这个一体化的过程中，将核心素养发展的四个方面融为一体，让学生在语言运用实践中真正收获自主学习能力的提升，收获核心素养的发展。

2. 教学评一体化原则

课程视域下的大单元作业设计，教师要始终拥有课程评价意识，让作业真正成为语文实践活动的有机组成部分，成为具有针对性的评价任务内容，保障教学评一体化在作业设计和实践中得到积极体现。也就是说，作业设计和运用，一方面要促进学生在"练习"中加深对知识、技能的巩固和理解，促成深度理解的实现；另一方面也是对教与学的目标效果的检验。例如，上面提到的统编版一年级下册第六单元中，"在老师提供或自己读到的有关夏天的故事中选择一个，圈出自己通过联系上下文或生活经验理解的新词，练习用上这些词语分享故事——朗读或讲述"这项作业，就是一项目标导向的评价任务，用来检验学生在前面的学习体验中，有没有对"词语在语境中获得具体意义"形成自己的认识和理解，并运用这样的认识和理解来指导自己关注文本中词语运用的效果和意义。

3. 发展性原则

发展性原则既是针对大单元作业设计和运用时的目标层次性递进而言的，又是针对作业的种类和性质而言的。正如学习的一般规律，大单元作业往往会遵循从基础型作业到开放探究型作业的设计思路。最早的大单元教学不是针对学科单元教学设计和实践提出来的，而是一种基于"任务"完成需要的课程设计。例如要设计一场生日会，就根据生日会设计和举办的需要，将相关的知识、技能和理解设计进课程内容和目标里，再有规划地组织实施，凸显学生"做中学"。人们在这样的大单元教学实践中，发现学科的基础性知识、技能的练习得不到保障。如今的学科大单元教学，如果不在作业设计上兼顾基础性和发展性、实践性和探究性，也容易出现"根基不牢"的状况。

例如，统编版六年级下册第一单元的大单元作业设计中，学生心系核心学习任务"拍摄风俗'纪录片'"，在自主阅读单元文本时，积累描写不同节日和风俗的词语、诗句，就是基础性作业；以《北京的春节》一文为"文案"尝试规划和实施"纪录片"的拍摄，并改写"解说词"，就是发展型的作业——这是一个跨学科的、书面与实践相结合的作业。

4.学为中心原则

作业的本质是学生自主学习的过程和表现。大单元教学体现的是学为中心的理念。首先，大单元作业设计，整体上的线索安排和每一项作业的目标、内容、形式等，都要遵循学的逻辑，从学生如何学会入手。其次，虽然单元核心学习任务是统一的，但是不同的学生任务完成程度或成果的质和量的要求，是根据学生实际灵活定位的。尤其是需要合作完成的部分，不同的学生根据能力特长、知识背景等会承担不同的职责。大单元作业设计和运用时，也要根据不同的学生，分层分类设计具体的作业内容和形式，让每一个学生都在作业实践中收获积极的学习体验和成就感。

例如，统编版二年级上册第三单元是智慧故事单元，核心学习任务设计为"班级故事大王评选"，以促进学生对这一大概念的发现和理解：复述可以促进记忆和理解，运用合适支架（借助关键词句）可以帮助我们把握故事内容，为复述提供积极支撑。大单元作业设计中，有一项承担单元总结性评价任务的作业就是按要求讲述一个智慧故事。因为学生能力不同，为了让所有学生都能积极完成这项作业并能够积极建构目标导向的学习体验，学生在故事选择上，是灵活自主的，既可以选择教材单元中的故事，也可以选择教材单元之外的故事。

## 二、大单元作业设计的一般思路

大单元教学追求的是促进学生的概念性理解，运用的是任务驱动的实践方式，其作业兼顾基础性、拓展性、开放性和实践性，是任务驱动下的"语文实践活动"的重要组成部分。大单元作业设计和运用，应该与大单元教学的实施思路是一致的。

我们先来看看一个具体单元的大单元作业设计。

统编版五年级下册第六单元以"思维"为主题，编排了《自相矛盾》《田忌赛马》《跳水》三篇课文，以及习作"神奇的探险之旅"和一个"语文园地"。这个单元的阅读训练要素是"了解人物的思维过程，加深对课文内容的理解"，表达训练要素是"根据情境编故事，把事情发展变化的过程写具体"。在课程内容上，本单元属于"思辨性阅读与表达"学习任务群，学习这个单元，要促进学生发现和理解的大概念是"思维指导行动，理解故事中人物的思维过程，能够加深对故事的理解"。它指向的核心问题是"思维如何指导行动"。根据单元内容和概念性目标，大单元核心学习任务设计为"创作一个探险故事"。针对这个核心学习任务，基于对《神龙寻宝队》的阅读和课文的学习，学生不断理解人物的行动背后是其思维的方式和过程，进而迁移到自己的故事创作中，设想故事中的人物遇到什么样的困难和挑战，又是怎样思考和行动的。核心学习任务的分解和作业设计如下表：

| 子任务 | 作业内容与形式 | 作业成果 | 周期 |
| --- | --- | --- | --- |
| 子任务一：共读《神龙寻宝队》，理解核心任务和成功标准。 | 针对1—3部梳理故事情节。 | 故事山 | 一周 |
| | 运用表格从人物、场景、装备、险情、应对等角度分析这个探险故事。 | 学习单 | 两课时 |
| | 列举三个《神龙寻宝队》中主要人物遇到的困难或险情，梳理他们是怎样解决困难的。 | 学习单 | 一课时 |
| | 梳理出一个精彩的探险故事应该包含哪些要素。 | 讨论与分享 | 一课时 |
| | 构思自己的探险故事。 | 思维导图 | 一课时 |

续 表

| 子任务 | 作业内容与形式 | 作业成果 | 周期 |
|---|---|---|---|
| 子任务二：探秘——他们是怎样思考的。 | 自主识字学词，丰富语言积累，摘抄能够体现主要人物想法的词句。 | 学习单 | 一课时 |
| | 借助表格，探究分析人物的思维过程。<br><br>\| 课文/故事 \| 人物 \| 思维过程（用思维导图表示，或用自己的语言概述） \| 对人物思维的评价 \| 受到的启发 \|<br>\|---\|---\|---\|---\|---\|<br>\| 《自相矛盾》 \| 楚人 \| \| \| \|<br>\| 《郑人买履》 \| 郑人 \| \| \| \|<br>\| 《田忌赛马》 \| 孙膑 \| \| \| \|<br>\| 《跳水》 \| 船长 \| \| \| \|<br>\| （搜集的谋略故事） \| \| \| \| \| | 学习单 | 两课时 |
| | 结合《神龙寻宝队》分享课文阅读对自己撰写探险故事的启发。 | 讨论与分享 | 一课时 |
| 子任务三：创作探险故事。 | 梳理《神龙寻宝队》中岳小萌的成长路线图。 | 思维导图或情境图 | 一课时 |
| | 创作探险故事。 | 文章 | 一周 |
| | "出版"班级探险故事专刊。 | 班刊 | 一周 |
| | 分组选择一个探险故事改编成剧本，排演戏剧，于期末庆典上表演。 | 戏剧表演 | 一个月 |

从上面的作业设计表格可以看出，大单元作业设计，可能不同单元具体的学习内容和目标不同，但都会遵循这样的基本设计思路：整体设计，任务驱动，夯实基础，聚焦发展。

## 1. 整体设计

大单元作业设计的整体性特别突出，即使是指向常规目标落实的基础性的作业，也会让学生体验到这些作业与核心学习任务的完成、成功标准的达成是紧密联系的，是整体性学习历程中不可或缺的一部分。"自主识字学词，丰富语言积累，摘抄能够体现故事中主要人物想法的词句。"这是子任务二中的一项短程、即时反馈的作业，设计时，将摘抄的内容定位在"能够体现故事主要人物想法的词句"，就是在整体性思维指导下的考量和设计。

2. 任务驱动

大单元作业不是独立于学习任务之外的，而是助力学习任务完成的，是落实单元学习目标的实践活动，是任务驱动和整合下的精心设计和安排。上面的案例中，每个子任务中的作业，都与子任务完成和学习体验建构的需要是一致的。子任务一中的作业，从故事情节的梳理到构思自己的探险故事，从兴趣激发到方法习得和运用，层层推进，都是以学习任务为载体，以学习任务驱动。从整体上看，从自己的探险故事构思，到聚焦人物在遇到困难和危险时的思维过程，再到撰写自己的探险故事，每一项作业的完成，最终促进学生按照目标要求完成了核心学习任务。后面的拓展性作业——排演戏剧，也是核心学习任务驱动下自然延展的表现性任务作业。

3. 夯实基础

大单元教学和大单元作业设计，往往会有一个误区，那就是忽视基础的夯实，比如识字写字、朗读、背诵积累以及文本内容的整体把握。实际上，从新课标学习任务群的设置来看，基础型学习任务群"语言文字积累与梳理"作为六大学习任务群之一，本身就聚焦的是识字写字及语言材料的梳理、积累和运用。另外，虽然"语言文字积累与梳理"学习任务群自身在整合性上是最"单纯"的，但根据六大学习任务群设置的思路，说明在其他五个学习任务群中，都会以不同形式整合基础型学习任务群相关的学习内容和目标。大单元作业设计，一定要将基础的夯实作为内容和目标之一。例如，上面的案例中，自主识字学词，丰富语言积累，就是基础型作业。不同的单元，KUD 目标和大概念不同，基础性作业的聚焦点也会有区别。这个案例聚焦了反映故事主要人物想法的词句，统编版六年级下册第一单元聚焦的是与风俗习惯描写有关的词语，一年级下册第三单元聚焦的是"新词"，二年级上册第八单元聚焦成语的分类积累。

通常，基础性的作业落实，也是为单元发展性作业设计和实施作好铺垫。

4. 聚焦发展

大单元作业的设计和运用是为了促进"大概念教学"下"可迁移"的概念性理解的长效迁移。大单元作业要真正关注学生学科素养和关键能力的培养，使学生在解决问题的实践中不断得到能力和素养的提升。上面的案例中，相对于传统的作业设计，无论是在一个课时之内完成的短程作业，还是需要一周，甚至跨度达一个月的长程作业，都是与促进大概念理解紧密相关的作业。其中，"编辑出版"班级探险故事专刊和改编剧本排演戏剧，是拓展性的作业，这样的作业设计和运用，除了帮助学生进一步深入体验大概念理解的价值，还让学生在综合性实践（有时是跨学科实践）中，多维度体验了语文学习的价值，让核心素养发展真正落地。

大单元作业要为学生建构指向大概念理解的学习体验助力，要为学生自主学习能力的发展服务，是教学评一体化的重要组成部分——"作业设计是作业评价的关键"。教师在进行作业设计时，运用整体性思维进行系统设计，做到思路清晰，目标定位科学准确，基础性作业、发展性作业以及拓展性作业层次关联，既帮助学生夯实基础，又为学生创造力的发展和发挥创造空间，学生语文核心素养发展就多了一份保障。

# 后　记

　　用"八讲"来讨论小学语文大单元教学，免不了会有挂一漏万之虞。我甚至还有点担心，我向大家呈现的，从根本上讲是对小学语文大单元教学的个人理解——这样的理解是否会有太多的不足？好在与我以前出版的作品一样，这"八讲"不是纸上谈兵，不是闭门造车，而是实实在在"做出来"的。

　　十几年来，我一直在小学语文园地里探索和实践，一直希望能够为教室里的儿童探求到母语学习的更好方式和路径。无论是在《我在小学教语文：母语课程的开发与实施》一书中呈现的理念和实践，还是在《语文寻意：从文本解读到课程设计》一书中分享的经验和思考，都始终秉持一个信念：母语教育一定要为儿童全生活着想，要为儿童语文素养的全面发展负责。探索和实践大单元教学，亦是如此。从根本上讲，我对大单元教学理念和模式充满热情，就是因为它让我进一步看到了学生在语文课程生活中，洋溢着的生命激情和流淌着的思维能量。

　　近三四年里，不仅我自己在探索和实践大单元教学，还有一群热爱小学语文教育的伙伴——既有我身边的，更有全国各地的——跟我一起探索和实践。他们的思考，他们的经验，都是我的良师益友，都渗透进了这本书的文字当中。我要感谢这些志同道合的小语人，给我启发，给我力量，给我信心。

　　我还要感谢约稿的卢风保先生，他以一位教育出版人的真诚，一直默默地关注着我在语文教学中点点滴滴的思考和行动，并在最合适的时候，鼓励我将这些思考和行动整理提炼成为一本书。

我还要感谢为这本书的出版付出努力的编辑，他们为保证本书的文字质量和顺利出版，贡献了专业、热情和细心。

我还要感谢读者朋友们，你们一定同样是因为热爱语文，热爱语文教育，才毫不怜惜地把宝贵时光用在阅读这本拙作上。感谢的同时，我也很忐忑，唯恐拙作会辜负大家的信任，辜负大家的光阴。我真诚地渴望，能够得到大家的批评和赐教。

我也在成长中。